CD2枚付
聞いて
話して
覚える

Oral Communication Training Series

今すぐ話せる
インドネシア語

入門編

BAHASA
INDONESIA

ファリーダ イドリスノ
好光智子

発刊にあたって

　観光や留学、ビジネスなどを通じて、従来にも増して海外との交流が活発化しています。しかし、多くの日本人にとって外国語によるコミュニケーションは最も苦手とするところであり、外国人との会話にはつい逃げ腰になることが少なくありません。これについては、多くの識者も指摘しているように、日本における文法中心主義の外国語教育体制そのものに起因していることは間違いありません。

　「今すぐ話せるシリーズ」は、この教育体制への反省に立ち、外国語を音声によって繰り返し聞きながら、発音や言い回しなどを覚え、反射的に表現できるようになることを目的としています。

　すなわち、①聞く ⇨ ②話す ⇨ ③学ぶ ⇨ ④使う ⇨ ⑤チェック のサイクルを繰り返し練習することによって、学習を始めたその日から話せる方式を採用しています。

　また本シリーズは、生きた外国語会話を楽しく、しかも短時間でマスターできるように、会話場面の多くを、各国の実際の日常場面に沿ったストーリーで展開しています。さらに、応用範囲を広げるために、よく使われる表現を多く用意し、各文例の中で単語を入れ替えて練習できるようになっています。

　特に、豊富な会話例をネイティブのスピードやリズムで反復して聞くトレーニングを繰り返すことができるように、〔CDを2枚〕用意しました。これによって、より確実にリスニング力を身につけられると同時に、実際にすぐに話せるようになることでしょう。

　そして、楽しみながら学習していくことによって、外国人と簡単なコミュニケーションがとれるレベルに到達できるはずです。

　このシリーズが、読者の皆さんの活躍するフィールドを広げ、新たな人間関係を築くチャンスとなることを願っています。

東進ブックス

はじめに

　近年、インドネシア語を学ぶ人が増えています。仕事で赴任する人、留学する人、音楽や舞踊を習うための人、その目的はいろいろですが、言葉を学んでその国の人とコミュニケーションをとろうということでは共通しています。

　インドネシア語の発音は日本語のローマ字読みとほぼ同じで、文法も決して複雑ではなく学習しやすい言語だと思います。

　外国語の学習はまず繰り返し何度も耳で聞き、声に出して発音してみることが大切です。そして次により多くの単語を覚えることです。名詞、動詞、形容詞、日常会話の基本的な決まり文句やよく使われる表現を覚えて、それを実際に使ってみることです。本書では会話も短く、難しい言い回しは使っておりません。単語の数もそれほど多くはのせておりません。難しい文法やあまりの語句の多さによって、学習する意欲が失われたのではなんにもならないからです。

　本書ではＣＤを使ってネィティブの発音が学べます。１万３千もの島々からなるインドネシアではそれぞれの種族がそれぞれの言葉を持っています。それらの人々の共通語として標準のインドネシア語が使われているのです。日本でも地域によってアクセントの違いがあります。インドネシアでは地方語（方言とは少し違います）にかなりの違いがあり、同じインドネシア人の間でさえ話が通じないほどです。実際にインドネシアへ行って地元の人達の会話を耳にして、あまりの速さによくわからなかったと言う人がいますが、耳で聞き、慣れることがどんなに大切かと実感すると思います。

　言葉を学ぶことはその背景にあるその国の文化や歴史もまた理解することなのです。外国語を学ぶとき、日本人はまず書くことや読むことから始めがちですが、聞くこと、話すことから始めてみませんか。そして、少しの勇気をもって話しかけてみましょう。"Jangan　malu-malu"（恥ずかしがらないで）。きっと上手になれます。さぁ、始めましょう。このテキストが少しでもその手助けになれば幸いです。

著者

もくじ

はじめに

本書の特徴と使い方 …………………………… 6
▶プレ授業 ……………………………………… 10　🅐 01
インドネシア語の発音とアクセント ………… 12　🅐 02〜06
インドネシア語の特徴 ………………………… 14

I これだけは覚えておきたい 日常会話

Pelajaran 1
第1課　こんにちは（あいさつ）……………18　🅐 07〜10

Pelajaran 2
第2課　私は〜と申します（自己紹介）………22　🅐 11〜14

Pelajaran 3
第3課　ありがとう（お礼）…………………26　🅐 15〜18

Pelajaran 4
第4課　ごめんなさい（お詫び）……………30　🅐 19〜22
　　　✔チェックタイム①……………………34　🅐 23〜25
　　　▶コラム①　家族や親戚・国名………35

Pelajaran 5
第5課　はい／いいえ（肯定／否定）………36　🅐 26〜29

Pelajaran 6
第6課　あの、すみませんが（呼びかけ）……40　🅐 30〜33

CONTENTS

🅐・🅑 マークは、それぞれ添付ＣＤのＡ盤、Ｂ盤の区別を示し、それに続く番号は、それぞれのＣＤに収録されている箇所を示すトラック番号です。

Pelajaran 7
第7課　もう一度お願いします（聞き返し）…………44　🅐 34～37

Pelajaran 8
第8課　～をしてください（依　頼）………………48　🅐 38～41
　　✔チェックタイム②………………………………52　🅐 42～44
　　▶コラム②　前置詞・曜日・月・季節 …………53　🅐 45

Pelajaran 9
第9課　～してもよろしいですか（許　可）………54　🅐 46～49

Pelajaran 10
第10課　～ですね（確　認）………………………58　🅐 50～53

Pelajaran 11
第11課　～が欲しい／したい（願　望）……………62　🅐 54～57

Pelajaran 12
第12課　～しました（現在完了）……………………66　🅐 58～61
　　✔チェックタイム③………………………………70　🅐 62～64
　　▶コラム③　形容詞 ………………………………71
　　Ⅰ．実力診断テスト………………………………72　🅐 65～67
　　▶コラム④　時間・数字の表し方 ………………76　🅐 68

3　目　次

II 海外旅行で役に立つ場面別 旅行会話

Pelajaran 13
第13課　機内にて …………………………78　🅰 69〜72

Pelajaran 14
第14課　入　国 ……………………………82　🅰 73〜76

Pelajaran 15
第15課　タクシーに乗る …………………86　🅰 77〜80

Pelajaran 16
第16課　ホテルにて ………………………90　🅰 81〜84
　　✔チェックタイム④ ………………………94　🅰 85〜87
　　▶コラム⑤　食べ物 ………………………95　🅰 88

Pelajaran 17
第17課　観光案内所にて …………………96　🅱 01〜04

Pelajaran 18
第18課　鉄　道 …………………………100　🅱 05〜08

Pelajaran 19
第19課　レストランにて ………………104　🅱 09〜12

Pelajaran 20
第20課　ショッピング …………………108　🅱 13〜16
　　✔チェックタイム⑤ ……………………112　🅱 17〜19
　　▶コラム⑥　買い物 ……………………113　🅱 20

Pelajaran 21
第21課　道をたずねる …………………114　🅱 21〜24

CONTENTS

Pelajaran 22
第22課　薬局にて ……………………………………118　　💿 25〜28

Pelajaran 23
第23課　電　話　電話をかける（1） ………122　　💿 29〜32

Pelajaran 24
第24課　ワルテルにて　電話をかける（2）……126　　💿 33〜36

　　✔チェックタイム⑥ ……………………………130　　💿 37〜39

　　▶コラム⑦　体の部位 …………………………131　　💿 40

Pelajaran 25
第25課　郵便局にて …………………………………132　　💿 41〜44

Pelajaran 26
第26課　フライト予約の確認 ………………………136　　💿 45〜48

Pelajaran 27
第27課　空港ロビーでの会話 ………………………140　　💿 49〜52

Pelajaran 28
第28課　搭乗手続き …………………………………144　　💿 53〜56

　　✔チェックタイム⑦ ……………………………148　　💿 57〜59

　　▶コラム⑧　家にあるもの ……………………149　　💿 60

　　Ⅱ．実力診断テスト ……………………………150　　💿 61〜63

役に立つ決まり文句 …………………………………154　　💿 64〜66

インドネシアの四行詩・ことわざ …………………157

▶プレ授業の全訳 ……………………………………158

本書の特徴と使い方

本書の特徴

●2部構成で着実な学習
　本書はPartⅠの日常会話とPartⅡの旅行会話の2部構成になっています。まずPartⅠで、日常会話の基本的な表現を覚えて、次にPartⅡで旅行の際に必要とされる会話を身につけることを目的とした構成になっています。

●使いやすい2ページ見開き構成
　各課の基本会話は、左ページの人物と右ページの人物が会話をかわす形式になっています。会話も短く、語句の説明も出ていますのですぐに覚えられると思います。

●初心者のための配慮
　インドネシア語は日本語のローマ字読みとほぼ同じですので、いくつか注意する点はありますがそれ程むずかしい発音はないと思います。それでもカタカナで発音を示してあり、語句の意味や簡単な文法の説明もしてあります（カタカナ表示は「基本会話」と「よく使われる表現」に示してあります）。

●関連表現・関連語句の充実
　基本会話に加えて、各課のテーマに関する重要な表現や語句を学び、会話力の向上をはかります。また、4課ごとにコラムがもうけられており、必要な語彙が覚えられます。

●練習と学習成果のチェック
　各課にはその課で習ったことを確実に身につけるための練習があります。
　また、ワンポイントアドバイスとして課ごとに役に立つ事柄が書かれてあります。さらに、4課ごとのチェックタイムやPartごとの実力診断テストで、成果を確認することができます。

●ヒアリングとスピーキングを上達させるためのCD2枚付き
　本書に付いている2枚のCDを使って会話の聞き取りや発音の練習を何度も繰り返し行うことができます。

CDの使い方と練習方法

Part I と **Part** II の各課はほぼ同じ構成・順序で録音されています。

(1) 基本会話がナチュラルスピードで録音されています。日本語の訳や解説や語句の説明を参考にして内容を理解し、場面や登場人物を思い描きながら何度も聞いてください。

(2) 次に、基本会話が少しゆっくりしたスピードで録音されています。登場人物の台詞のあとに間をとってありますので、繰り返して言ってください。初めはカナを頼りに発音し、慣れてきたら、文字を見ないで言えるようにしましょう。

(3) そのあとによく使われる表現が録音されています。初めに日本語が、続いてインドネシア語が聞こえてきます。何度かインドネシア語の発音を繰り返して文を覚え、日本語が聞こえたらすぐにインドネシア語で言えるようにしましょう。

(4) その次は基本会話の練習をします。初めは基本会話の左ページの音声だけ聞こえますからあなたは右ページの人物になって話してください。次は逆に左ページの人物になって話してください。最初のうちは、相手の台詞が終わったらCDをストップして、話すとよいでしょう。

(5) 最後は練習問題の発音です。まず本を見て、空欄になっている部分に当てはまる言葉を見つけ、声に出して言ってみてください。そのあとでCDの録音を聞いて確かめ、発音を繰り返してみましょう。

以上のような各課の録音に加えて、プレ授業、アルファベット、チェックタイムやコラム、実力診断テストが録音されています。インドネシア語の聞き取りや口頭表現の練習にCDを活用してください。

基本構成と内容

①Part Ⅰの日常会話編では各課の学習テーマが、Part Ⅱの旅行会話編では旅行中の場面がタイトルになっています。

②Part Ⅰでは各課の学習のねらいや要点が、Part Ⅱでは会話の場面が説明されています。

③各課の学習の中心となる基本会話です。イラストで示された左ページと右ページの人物が会話をかわします。

④基本会話の発音がカタカナで表記されています。

⑤登場人物が話しているインドネシア語の日本語訳です。

⑥Part Ⅰ、Part Ⅱともに各課のテーマについての説明です。

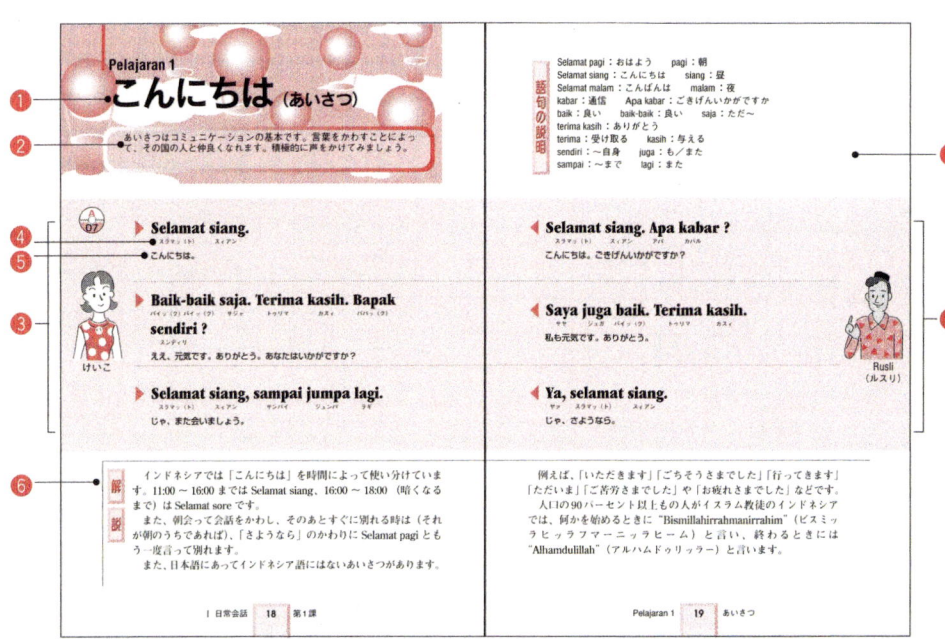

本書の特徴と使い方　8

❼基本会話で使われている語句の意味が説明されています。

❽PartⅠでは各課の学習テーマに関連した日常会話でよく使われる表現がまとめられています。PartⅡでは旅行中の各場面での会話に使われる表現やテーマに関連した単語が載っています。

❾PartⅠでは、テーマに関連したアドバイスやインドネシア語の文法上の注意点が説明されています。PartⅡでは、テーマに関連する単語を載せています。

❿各課ごとの練習問題です。
　　下線の部分に単語を入れて文を完成させます。今まで学習してきたところの復習です。ＣＤを使って聞き取りと発音の練習もします。

⓫練習問題の解答です（スペースの都合で左ページ下にあることもあります）。

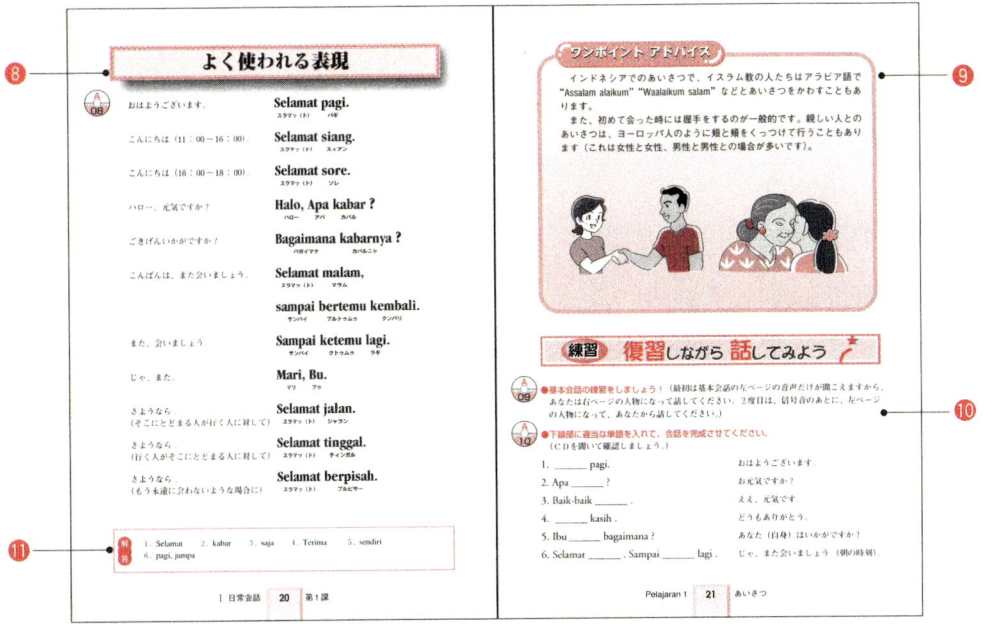

本書の特徴と使い方

プレ授業

毎日1回は聞いて、インドネシア語に慣れましょう。
本書が終了するころには、意味がわかるようになります。

Di Bandara

I：orang Indonesia, Budi
J：orang Jepang, Keiko

I：Hei Keiko, selamat datang.
J：Terima kasih.
I：Apa kabar, nih？
J：Kabar baik, terima kasih.
I：Bagaimana pesawatnya？

J：Baik, tapi sedikit cape.
I：Barangnya ini saja？
J：Ya, satu kopor dan satu tas jinjing.
I：Kalau begitu mari kita keluar.
J：Ya, kita naik apa？
I：Jangan kuatir. Saya bawa mobil.
J：Nyetir sendiri？
I：Ya, sekarang sudah bisa, lho.
J：Sejak kapan sudah nyetir？
I：Sudah setahun. O, ya berapa lama mau tinggal di sini？
J：2（dua）minggu.
I：Sudah pesan hotel？
J：Sudah. Hotel Indonesia.
I：Oh, dekat Toserba Sarinah, ya？
J：Ya, betul.
I：Selain Jakarta mau ke mana lagi？
J：Ke Yogya melihat Borobudur dan ke pulau Bali.
I：Wah enak, ya.
J：Besok tolong antarkan melihat-lihat kota Jakarta, ya.
I：Tentu saja. Eh, Keiko bisa makan masakan pedas, kan？
J：Bisa, saya ingin makan ikan pepes.
I：Okey, besok kita ke restoran ikan pepes.
J：Dekat situ ada toko oleh-oleh？
I：Ada, mau beli apa？
J：Apa saja sebagai oleh-oleh.
I：Nah saya antarkan ke hotel sekarang.
J：Terima kasih.

インドネシア語の発音とアクセント

 アルファベット(abjad)

インドネシア語は英語と同じアルファベット26文字です。

A	B	C	D	E	F	G	H	I	J	K	L	M
ア	ベ	チェ	デ	エ	エフ	ゲ	ハ	イ	ジェ	カ	エル	エム
N	O	P	Q	R	S	T	U	V	W	X	Y	Z
エンヌ	オ	ペ	キ	エル	エス	テ	ウ	フェ	ウェ	エクス	イエ	ゼット

 発音(ucapan)

〔母音〕
- a (ア)　　api [アピ] 火　　tas [タス] 鞄　　kita [キタ] 私たち
- e (エ)　　enak [エナッ(ク)] 美味しい　　cetak [チェタッ(ク)] 印刷する
　　　　sore [ソレ] 夕方
- e (エ) と (ウ) の中間の発音
　　　　empat [ウンパッ(ト)] 四　　teman [トゥマン] 友達
　　　　tipe [ティプゥ] タイプ
- i (イ)　　ibu [イブゥ] 母　　kilat [キラッ(ト)] 輝き　　kini [キニ] 現在
- o (オ)　　obat [オバッ(ト)] 薬　　coba [チョバ] 試みる　　radio [ラディオ] ラジオ
- u (ウ)　　umur [ウムル] 年齢　　suka [スカ] 好き　　atau [アタウ] または

 〔二重母音〕
- ai (アイ) または (エイ)
　　　　air [アイル] 水　　kain [カイン] 布　　pakai [パカイ] 使用する

発音の仕方は音節で区切られる。例えば、airはアイルと発音するがエイルとは発音しない。

a / ir　　アイル
pa / kai　パカイまたはパケイと発音することができる。
au (アウ) または (オウ)
　　　　aula [アウラ] 講堂　　laut [ラウッ(ト)] 海　　pulau [プゥラウ] 島
la / utはラウッ(ト)と発音するがロウッ(ト)とは発音しない。
pu / lauはプゥラウまたはプゥロウと発音することができる。

 〔子音〕
- b　バ行　語末にくる場合はpの発音で音は出ない。
　　　　bapak [ババッ(ク)] 父　　sebab [スバッ(ブ)] 理由
- c　チャ行　cara [チャラ] 方法
- d　ダ行　語末にくる場合はtの発音で音は出ない。
　　　　dua [ドゥア] 2　　abad [アバッ(ト)] 世紀

f	エフ	maaf [マアフ] 許し
g	ガ行	語末にくる場合はkの発音になる。
		tiga [ティガ] 3　　gudeg [グゥデッ（ク）] 料理の名
h	ハ行	語の初めにくる場合は発音しないこともある。また、語末にくる場合はこころもち音を伸ばす。
		hujan [フジャンまたはウジャン] 雨　　tuah [トゥアー] 幸運
j	ジャ行	ジャ ジュ ジョ　　jam [ジャム] 時間
k	カ行	語末にくる場合は（ク）を口の中で発音する。
		kami [カミ] 私たち　　politik [ポリティック] 政治
l	ラ行	lari [ラリ] 走る
m	マ行	muka [ムゥカ] 顔
n	ナ行	nama [ナマ] 名前
p	パ行	apa [アパ] 何
q	クまたはキュ	外来語なので単語は少ない。
		Qur'an [クゥルアン] コーラン
r	ラ行	lと同じだが、巻き舌にする。　　rasa [ラサ] 感じ
s	サ行	satu [サトゥ] 1 いち
t	タ行	語末にくる場合はtは強く発音しない。
		tamu [タムゥ] 客　　ikat [イカッ（ト）] 結ぶ
v		fの発音と同じ。　　visa [フィサ] ビザ
w	ワ行	waktu [ワックトゥ] 時
y	ヤ行	yakin [ヤキン] 確信する
z	ザ行	jの発音をする場合もある。　　zaman [ザマンまたはジャマン] 時代

〔二重子音〕
kh		カ行とハ行を同時に出す。
		khabar [カバル] 便り　　akhir [アヒール] 終り
ng		bangun [バ（ン）グン] 起きる
ny	ニャ行	ニャ ニュ ニョ　　banyak [バニャッ（ク）] 多い
sy	シャ行	シャ シュ ショ　　syarat [シャラッ（ト）] 条件

発音で注意しなければならないことがあります。例えばga、gi、gu、ge、goは日本語のガ、ギ、グ、ゲ、ゴの発音ですが、nga、ngi、ngu、nge、ngoは、鼻にかかるようにンガ、ンギ、ング、ンゲ、ンゴというように少し大袈裟に発音するのがよいでしょう。

アクセント(aksen)

インドネシア語の辞書には発音記号はありません。アクセントの位置は地域によっても異なりますが、原則的には最後の音節にくる場合が多いようです。

インドネシア語の特徴

名詞

インドネシア語にはフランス語やドイツ語のように男性名詞、女性名詞、中性名詞の区別はありません。

動詞の変化

名詞の性別がないので、それによる動詞の変化はありませんが、動詞には大きく分けて3つの動詞があります。語根動詞、ber動詞、me動詞です。

語根動詞は単純動詞とも言われ、pergi（行く）、makan（食べる）のように接頭辞ber-やme- を付けない動詞です。

＜例＞ pergi、makan、masuk、duduk、hidup、minum、datang、suka、tahuなど

ber- 動詞とは主に自動詞です。

＜例＞ berangkat、berhenti、berlari、bermain、belajar、bertemuなど

ber- は最初rで始まる語にはbeだけを付けます。また、ajarという単語にはber- ではなくてbel-が付きます。

me- 動詞は主に他動詞です。

＜例＞ merokok、melihat、merasa、menulis（tulis）、membaca、mencuciなどです。

me- の付け方にはme-、mem-、men-、meng-、meny- があります。

me-　で始まる語	l、m、n、r、w、y
mem-　で始まる語	b、(p)、f
men-　で始まる語	c、d、j、(t)、z
meng-　で始まる語	a、i、u、e、o、g、h、(k)
meny-　で始まる語	(s)

( ) カッコで囲ったものは接頭辞が付けられると文字が消えます。

人称代名詞

インドネシアの人称代名詞は英語のように私は (I)、私の (My)、私に (を) (Me)、私のもの (Mine) といった変化はありません。

私は	saya	主格
私の	～saya	所有格　名詞のあと
私を	～saya	目的格　動詞のあと
私に	kepada saya	
私のもの	punya saya	

といったように位置が変わるだけです。また、二人称単数（英語のyouにあたるもの）はその人の年齢や身分などによっていくつもの言い方があります。

一人称	単数	saya	私
		aku	僕、あたし

	複数	kami	私たち（話す相手を含まない）	
		kita	私たち（話す相手を含む）	
二人称	単数	Bapak	あなた（年齢や身分の高い男性に対して）	
		Ibu	あなた（年齢や身分の高い女性に対して）	
		Anda	あなた（性別や身分に関係なく）	
		kamu	君（年齢や身分が同程度かそれ以下の相手に対して）	
		kau / engkau	おまえ（年齢や身分が同程度かそれ以下の相手に対して）	
		Saudara	あなた（年齢や身分が同程度かそれ以下の相手に対して、但し男性に対して）	
		Saudari	あなた（年齢や身分が同程度かそれ以下の相手に対して、但し女性に対して）	
		Tuan	あなた（男性、外国人に対して）	
		Nyonya	あなた（既婚の女性に対して）	
		Nona	あなた（未婚の若い女性に対して）	
	複数	Bapak-Bapak　Ibu-Ibu　　　　Anda sekalian Kamu sekalian　Saudara-Saudara　Saudari-Saudari Tuan-Tuan　Nyonya-Nyonya　Nona-Nona	あなた方	
三人称	単数	dia	彼、彼女	
		ia	彼、彼女	
		beliau	あの方（尊敬される人に対して）	
	複数	mereka	彼等、彼女等	

疑問文

インドネシア語の疑問文の作り方は簡単です。平叙文のままで文末のイントネーションを上げるだけです。

　　＜例＞　Anda makan roti？↗　あなたはパンを食べますか？

またはApa(kah)を文の最初に付けて疑問文にします。

　　＜例＞　Apakah anda makan roti？　あなたはパンを食べますか？

　ApaまたはApakahのどちらを使ってもかまいませんが、Apaだと"何"という意味と間違いやすいのでApakahを使ったほうがよいでしょう。また、Apakahを使ったほうが、よりていねいです。

否定文

　否定文を作るには助動詞・形容詞・動詞の前にはtidakを、名詞・代名詞の前にはbukanを付けます。

命令文

命令文の作り方は、以下のとおりです。
1. 主語を省略して動詞から始めます。
   <例> Duduk！（座れ！）
2. 動詞 ＋ -lah
   <例> Duduklah.（座りなさい。）
3. silakan ＋ 動詞
   <例> Silakan duduk.（どうぞ座ってください。）
4. Mari kita〜 （さぁ、〜しましょう）英語の Let's〜 という意味です。
   <例> Mari kita duduk.（さぁ、座りましょう。）

命令の否定（禁止）

1. jangan（〜しないでください／〜するな）＋ 動詞
   <例> Jangan masuk！（入らないで！）
2. dilarang（禁止される）＋ 動詞
   <例> Dilarang masuk！（立ち入り禁止！）

dilarang は larang に di- が付いた形で「禁じられている」という意味です。dilarang は jangan よりも強い意味です。

また、Tolong〜　　どうぞ〜してください
　　　Minta〜　　〜してください
という言い方があります。
　tolong ＋ 動詞 ／ minta ＋ 動詞（me-動詞の me- は取ります）
　<例> Tolong ambil buku itu.（その本を取ってきてください。）
　　　 Minta datang.（来てください。）

　minta ＋ 名詞
　<例> Minta air.（水をください。）

　tolong と minta はどちらも「〜してください」という意味ですが、tolong のほうがより丁寧な頼み方になります。minta は、頼む相手が自分と同等もしくは年下の場合に使うことが多いようです。

これだけは覚えておきたい
I. 日常会話

Pelajaran 1	あいさつ		**Pelajaran 7**	聞き返し
Pelajaran 2	自己紹介		**Pelajaran 8**	依　頼
Pelajaran 3	お　礼		**Pelajaran 9**	許　可
Pelajaran 4	お詫び		**Pelajaran 10**	確　認
Pelajaran 5	肯定／否定		**Pelajaran 11**	願　望
Pelajaran 6	呼びかけ		**Pelajaran 12**	現在完了

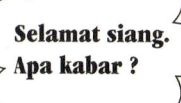
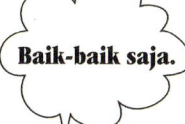

Pelajaran 1
こんにちは（あいさつ）

あいさつはコミュニケーションの基本です。言葉をかわすことによって、その国の人と仲良くなれます。積極的に声をかけてみましょう。

▶ **Selamat siang.**
　スラマッ（ト）　スィアン
こんにちは。

けいこ

▶ **Baik-baik saja. Terima kasih. Bapak sendiri ?**
　バイッ（ク）バイッ（ク）　サジャ　　トゥリマ　　カスィ　　バパッ（ク）　スンディリ
ええ、元気です。ありがとう。あなたはいかがですか？

▶ **Selamat siang, sampai jumpa lagi.**
　スラマッ（ト）　スィアン　　サンパイ　ジュンパ　ラギ
じゃ、また会いましょう。

解説

　インドネシアでは「こんにちは」を時間によって使い分けています。11:00 ～ 16:00 までは Selamat siang、16:00 ～ 18:00 （暗くなるまで）は Selamat sore です。

　また、朝会って会話をかわし、そのあとすぐに別れる時は（それが朝のうちであれば）、「さようなら」のかわりに Selamat pagi ともう一度言って別れます。

　また、日本語にあってインドネシア語にはないあいさつがあります。

語句の説明

Selamat pagi：おはよう　　pagi：朝
Selamat siang：こんにちは　　siang：昼
Selamat malam：こんばんは　　malam：夜
kabar：通信　　Apa kabar：ごきげんいかがですか
baik：良い　　baik-baik：良い　　saja：ただ〜
terima kasih：ありがとう
terima：受け取る　　kasih：与える
sendiri：〜自身　　juga：も／また
sampai：〜まで　　lagi：また

◀ **Selamat siang. Apa kabar ?**
　スラマッ（ト）　スィアン　アパ　カバル
こんにちは。ごきげんいかがですか。

◀ **Saya juga baik. Terima kasih.**
　サヤ　ジュガ　バイッ（ク）　トゥリマ　カスィ
私も元気です。ありがとう。

◀ **Ya, selamat siang.**
　ヤァ　スラマッ（ト）　スィアン
じゃ、さようなら。

Rusli
（ルスリ）

　例えば、「いただきます」「ごちそうさまでした」「行ってきます」「ただいま」「ご苦労さまでした」や「お疲れさまでした」などです。
　人口の90パーセント以上もの人がイスラム教徒のインドネシアでは、何かを始めるときに"Bismillahirrahmanirrahim"（ビスミッラヒッラフマーニッラヒーム）と言い、終わるときには"Alhamdulillah"（アルハムドゥリッラー）と言います。

Pelajaran 1　　あいさつ

よく使われる表現

おはようございます。	**Selamat pagi.** スラマッ(ト)　パギ	
こんにちは (11:00〜16:00)。	**Selamat siang.** スラマッ(ト)　スィアン	
こんにちは (16:00〜18:00)。	**Selamat sore.** スラマッ(ト)　ソレ	
ハロー、元気ですか？	**Halo, apa kabar ?** ハロー　アパ　カバル	
ごきげんいかがですか？	**Bagaimana kabarnya ?** バガイマナ　カバルニャ	
おやすみなさい、また会いましょう。	**Selamat malam,** スラマッ(ト)　マラム	
	sampai bertemu kembali. サンパイ　ブルトゥムゥ　クンバリ	
また、会いましょう。	**Sampai ketemu lagi.** サンパイ　クトゥムゥ　ラギ	
じゃ、また。	**Mari, Bu.** マリ　ブゥ	
さようなら。 (そこにとどまる人が行く人に対して)	**Selamat jalan.** スラマッ(ト)　ジャラン	
さようなら。 (行く人がそこにとどまる人に対して)	**Selamat tinggal.** スラマッ(ト)　ティンガル	
さようなら。 (もう永遠に会わないような場合に)	**Selamat berpisah.** スラマッ(ト)　ブルピサー	

解答　1. Selamat　2. kabar　3. saja　4. Terima　5. sendiri
　　　　6. pagi, jumpa

ワンポイント アドバイス

　インドネシアでのあいさつで、イスラム教の人たちはアラビア語で"Assalam alaikum" "Waalaikum salam" などとあいさつをかわすこともあります。

　また、初めて会った時には握手をするのが一般的です。親しい人とのあいさつは、ヨーロッパ人のように頬と頬をくっつけて行うこともあります（これは女性と女性、男性と男性との場合が多いです）。

練習　復習しながら 話してみよう

●基本会話の練習をしましょう！（最初は基本会話の左ページの音声だけが聞こえますから、あなたは右ページの人物になって話してください。2度目は、信号音のあとに、左ページの人物になって、あなたから話してください。）

●下線部に適当な単語を入れて、会話を完成させてください。
（CDを聞いて確認しましょう。）

1. _____ pagi.　　　　　　　　　　おはようございます。
2. Apa _____ ?　　　　　　　　　　お元気ですか？
3. Baik-baik _____ .　　　　　　　ええ、元気です。
4. _____ kasih .　　　　　　　　　どうもありがとう。
5. Ibu _____ bagaimana ?　　　　あなた（自身）はいかがですか？
6. Selamat _____ . Sampai _____ lagi .　　じゃ、また会いましょう（朝の時刻）。

Pelajaran 2
私は～と申します （自己紹介）

外国へ行ったら、そこの言葉で自己紹介をしてみましょう。名前や出身地を言えるようにしておきましょう。

けいこ

▶ **Kenalkan, nama saya Keiko Yamada.**
クナルカン　　ナマ　　サヤ　　ケイコ　　ヤマダ

Siapa namanya ?
スィアパ　　ナマニャ

はじめまして、私の名前は山田けいこです。あなたのお名前は何ですか？

▶ **Anda berasal dari mana ?**
アンダ　ブルアサル　ダリ　マナ

あなたはどこの出身ですか？

▶ **Saya berasal dari Osaka, Jepang.**
サヤ　　ブルアサル　ダリ　オオサカ　ジュパン

私は日本の大阪の出身です。

 解説

「私は～です」と自己紹介するのに Nama saya ～、または Saya bernama ～ という言い方があります。Nama saya ～ は My name is ～ という意味で、Saya bernama ～ は ber ＋ nama（名詞）「～という名前を持っている」という意味です。どちらかと言えば、Nama saya ～ という言い方のほうが一般的です。

また、Siapa nama Anda ?「あなたの名前は何ですか」とたずねてもよいのですが、Siapa namanya ? とたずねるほうが、よりやわ

Ⅰ 日常会話　　第 2 課

語句の説明

kenal：知っている
nama：名前
siapa：だれ
asal：始め／由来
berasal dari～：～の出身である
asli：オリジナル

◀ **Nama saya Rusli Amin.**
　　ナマ　　サヤ　　ルスリ　　アミン

私の名前はルスリ・アミンです。

◀ **Saya berasal dari Sumatra, Indonesia.**
　　サヤ　　ブルアサル　ダリ　スマトラ　　　インドネシア

私はインドネシアのスマトラからきました。

Rusli
（ルスリ）

◀ **Oh, begitu.**
　　オー　　ブギトゥ

ああ、そうですか。

らかい表現になります。
　インドネシア人の名前は必ずしも姓と名があるとはかぎりません。人によっては名だけの場合もあります。バリ人などは上から長男、次男と決められた名前がつけられ、名前を聞いただけで、長男なのか次男なのかわかります。また、ジャワ人の名前、クリスチャンの名前、イスラム教徒の名前と、その人の出身地や宗教までもが名前で判断できることが多いのです。

Pelajaran 2　　23　　自己紹介

よく使われる表現

あなたはどこの出身ですか？	**Anda berasal dari mana ?** アンダ　ブルアサル　ダリ　マナ
どちらの出身ですか？	**Asli mana, Pak / Bu ?** アスリ　マナ　パッ(ク)／ブゥ
私はインドネシアのジャワの出身です。	**Saya berasal dari Jawa, Indonesia.** サヤ　ブルアサル　ダリ　ジャワ　インドネシア
私はパダンの出身です。	**Saya asli Padang.** サヤ　アスリ　パダン
私はジャカルタの生まれです。	**Saya kelahiran Jakarta.** サヤ　クラヒラン　ジャカルタ
すみませんが、あなたの名前は何ですか？	**Maaf, siapa nama Bapak /Ibu ?** マアフ　スィアパ　ナマ　バパッ(ク)／イブゥ
私の名前は山田けいこです。	**Nama saya Keiko Yamada.** ナマ　サヤ　ケイコ　ヤマダ

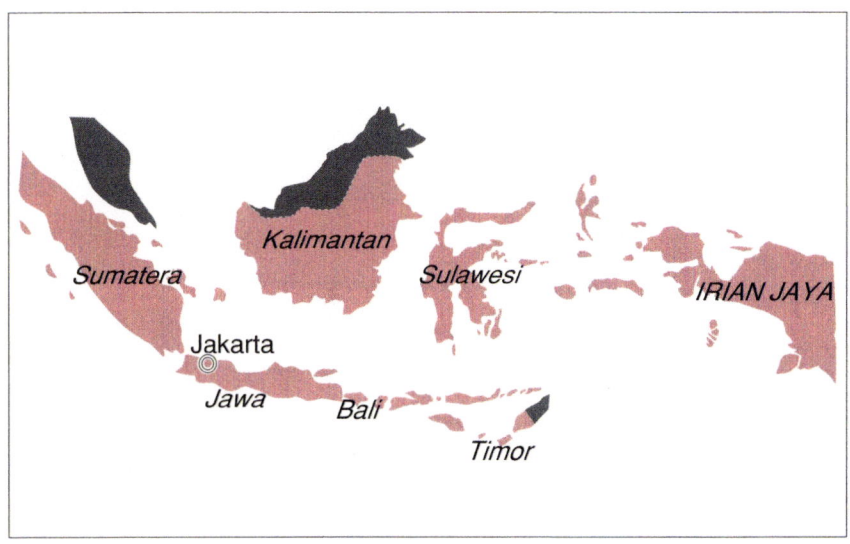

インドネシアでは自己紹介の際に相手の出身地をよくたずねます。Berasal dari mana?(どこの出身ですか)、Asli mana?(オリジナルはどこですか)などとたずねます。何千もの島々からなるこの国では出身地によって種族も言葉(言語も250種ほどあります)も違ってくるからです。

また、家族構成や年齢、既婚か未婚か、あるいは子供の数などをたずねられることがあります。日本では特に女性に対しては失礼な質問ですが、インドネシアではごく当たり前のことなので、どうしても答えたくなければ別ですが、気さくに答え、相手にも質問してはどうでしょうか。

練習 復習しながら 話してみよう

 ●基本会話の練習をしましょう!

 ●下線部に適当な単語を入れて、会話を完成させてください。
(CDを聞いて確認しましょう。)

1. Kenalkan, _____ saya Rina.　　　　私の名前はリナです。
2. Saya _____ dari Sumatra.　　　　　私はスマトラからきました。
3. Anda berasal dari _____ ?　　　　　あなたはどこの出身ですか?
4. Maaf, _____ nama Bapak ?　　　　すみませんが、お名前は?
5. Dia _____ Bandung.　　　　　　　彼はバンドンの出身です。

 1. nama　　2. berasal　　3. mana　　4. siapa　　5. asli

Pelajaran 3
ありがとう（お礼）

人に何かしてもらったときに「ありがとう」のひとことが言えたら、お互いの気持ちも通じ合えます。「ありがとう」「ありがとうございます」など言い方はいろいろですが、まず最初に覚えたい言葉です。

▶ **Keiko, ini untuk kamu.**
　　ケイコ　　イニ　ウントゥッ（ク）　カムゥ
けいこさん、これをあなたに。

Mira
（ミラ）

▶ **O, ya, sambal ini juga dari ibuku.**
　オ　ヤァ　サンバル　イニ　ジュガ　ダリ　イブゥクゥ
あ、そうだ、このサンバルも私の母からよ。

▶ **Sama-sama.**
　　サマ　　サマ
どういたしまして。

解説　Aduh という感嘆詞は会話の中でよくでてきます。驚いたときやうれしいときや悲しいときに、また、痛みを感じたときインドネシアの人はこの言葉をよく使います。
　また、sama-sama は sama（同じ）を2回繰り返して（どういたしまして）という意味になります。インドネシア語には同じ言葉を2回繰り返して使うものが多くあります。また、sama-sama は日本語のお互いさまという意味もあるので覚えやすいでしょう。

語句の説明

untuk：～のために
Aduh：ああ（感嘆詞。喜びや悲しみや痛みなどを表すのにも使う）
sambal：サンバル（インドネシアの香辛料）
ini：この／これ　　itu：その／それ
ibuku：ku は所有格。aku（私）の省略形で、ibu のあとにつけて「私の母」という意味　　kamu：きみ
sama-sama：どういたしまして　　sama：同じ
Sekali lagi：本来は「もう一度」という意味ですが、会話の中で terima kasih（ありがとう）の前にくる場合は「本当に」ぐらいの意味をもつ

◀ **Untuk saya? Aduh, terima kasih, Mira.**
ウントゥッ（ク）　サヤ　アドゥー　トゥリマ　カスィ　ミラ
私に？　わぁ、どうもありがとう、ミラさん。

◀ **Terima kasih banyak. Saya senang.**
トゥリマ　カスィ　バニャッ（ク）　サヤ　スナン
本当にどうもありがとう。うれしいわ。

けいこ

◀ **Sekali lagi terima kasih.**
スカリ　ラギ　トゥリマ　カスィ
本当にどうもありがとう。

一言メモ

　インドネシア人は"Tidak apa-apa"「気にしない」をよく使います。私も経験したことですが、向こうからぶつかってきて"Tidak apa-apa"と言った人がいました。インドネシアでは言われた方も"Tidak apa-apa"と答えるのでしょうが、日本人だったら「どうして？」と思うでしょう。その時から、インドネシアではあまり小さなこと（？）は気にせずにおおらかな気持ちで暮らそうと思ったのです。

よく使われる表現

これを君に。	**Ini untuk kamu.** イニ ウントゥッ（ク） カムゥ
まぁ、私に、どうもありがとう。	**Oh, untuk aku, terima kasih.** オー ウントゥッ（ク） アク トゥリマ カスィ
これも君に。	**Ini juga untuk kamu.** イニ ジュガ ウントゥッ（ク） カムゥ
どうもありがとうございます。	**Terima kasih banyak.** トゥリマ カスィ バニャッ（ク）
本当にどうもありがとうございました。	**Terima kasih sekali.** トゥリマ カスィ スカリ
どういたしまして。	**Kembali.** クンバリ
どういたしまして。	**Sama-sama.** サマ サマ
どういたしまして。	**Tidak apa-apa.** ティダッ（ク） アパ アパ

---

 1. untuk, kamu　　2. Untuk, aku, terima, kasih　　3. sambal, juga, ibu
　　4. banyak, senang　　5. Sama-sama　　6. Sekali, lagi

> **ワンポイント アドバイス**
>
> 「ありがとう」を "terima kasih" と言わずに、ただ "makasih"（マカシー）とだけ言うこともあります。これはかなり親しい間柄である場合に使います。
> 「どういたしまして」の "kembali" や "sama-sama" も同じです。よりていねいに言うのであれば "terima kasih kembali" を使ったほうがよいでしょう。

練習　復習しながら 話してみよう

 ●基本会話の練習をしましょう！

 ●下線部に適当な単語を入れて、会話を完成させてください。
（CDを聞いて確認しましょう。）

1. Tati, ini _____ _____ .　　　　タティさん。これをあなたに。
2. _____ _____ ?　　　　　　　私に？
   Aduh, _____ _____, Mira.　　　わぁ、どうもありがとう、ミラさん。
3. O, ya, _____ ini _____ dari　　あ、そうだ、このサンバルも私の母か
   _____ saya.　　　　　　　　　らよ。
4. Terima kasih _____ . Saya _____ .　本当にどうもありがとう。うれしいわ。
5. _____ .　　　　　　　どういたしまして。
6. _____ _____ terima kasih.　　　もう一度、どうもありがとう。

Pelajaran 3　　お礼

Pelajaran 4
ごめんなさい (お詫び)

「ごめんなさい」も「ありがとう」と同じくらい大切な言葉です。いつも感謝や謝罪の気持ちを持って相手と接したいものです。

ひろし

▶ **Selamat pagi, Bu.**
　スラマッ(ト)　パギ　ブゥ
先生、おはようございます。

▶ **Maaf, Bu, saya terlambat.**
　マアフ　ブゥ　サヤ　トゥルランバッ(ト)
すみません、遅れてしまいました。

▶ **Ya, Bu.**
　ヤァ　ブゥ
はい、先生。

 解説

　Saya terlambat.「私は遅れてしまった／遅刻してしまった」はよく使う文章です。接頭辞 ter- は動詞に付いて「〜された」「〜できる」「つい〜する」といった意味になります。
　＜例＞
　tertidur（tidur）　　（つい寝てしまった／居眠りする）
　terdengar（dengar）　（聞こえる）
　teringat（ingat）　　（思い出される）

Ⅰ 日常会話

語句の説明

lambat：ゆっくり　　Bu：Ibuの省略。目上の人（女性）に対して使う
terlambat：遅れる（接頭辞 ter- が付いて、「〜してしまった」という意味になる）
lain：他の　　kali：回／度　　lain kali：次回
jangan：〜してはいけない（「禁止」を意味する）
duduk：座る
-lah：どうぞ〜してください（silakan と同じ意味に使う）
buka：開く　　buku：本

◀ **Selamat pagi, Hiroshi.**
スラマッ（ト）　パギ　ヒロシ
おはようございます、ひろし。

◀ **Lain kali jangan terlambat, ya.**
ライン　カリ　ジャ（ン）ガン　トゥルランバッ（ト）　ヤァ
次回は遅れないようにね。

先生

◀ **Duduk dan bukalah buku.**
ドゥドゥッ（ク）　ダン　ブカラ　ブゥクゥ
座って本を開いてください。

　会話の中で"Maaf, Bu""Ya, Bu"がでてきます。BuはIbuの省略ですが、相手が目上の女性や相手を敬う場合に使います。目上の男性（上司）にはPak（Bapak）を、同僚でも会社等では相手に対して尊敬の気持ちをこめてPak（Bapak）を使います。年下の男性（部下）に対してはMasを年下の女性に対してはMbakを使います。
　Pak（Bapak）やBu（Ibu）は会話に慣れてきたら、自然と出てくるようになるはずです。

よく使われる表現

ごめんなさい。／すみません。	**Maaf. / Minta maaf.** マアフ　／　ミンタ　マアフ
申し訳ありません。	**Mohon dimaafkan.** モホン　　　ディマアフカン
いいえ、気にしないでください。	**Oh, tidak apa-apa.** オー、ティダッ(ク)　アパ　アパ
私を許してください。 （お許しください）	**Maafkan kesalahan saya.** マアフカン　　クサラハン　　サヤ
遅れてごめんなさい。	**Maaf terlambat.** マアフ　トゥルランバッ(ト)
本を忘れてすみません。	**Maaf lupa buku.** マアフ　　ルパ　　ブゥクゥ
長い間、連絡もしないですみませんでした。	**Maaf, lama tidak beri kabar.** マアフ　ラマ　ティダッ(ク)　ブリ　カバル

ワンポイント アドバイス

お詫びの表現は maaf、minta maaf、mohon maaf などいくつかありますが、mohon と minta とでは mohon のほうがよりていねいです。

ほかに、permisi（すみません）という言い方もありますが、これは「失礼します」という意味のほうが強いでしょう。また、訪問先で「ごめんください」と言う時にも使います。

練習　復習しながら 話してみよう

● 基本会話の練習をしましょう！

● 下線部に適当な単語を入れて、会話を完成させてください。
（CDを聞いて確認しましょう。）

1. Maaf, Bu, saya _____ .　　　　　すみません、遅れてしまいました。
2. Lain kali _____ terlambat.　　　次回は遅れないでね。
3. _____ dan _____ buku.　　　　座って本を開いてください。
4. Minta _____ .　　　　　　　　　ごめんなさい。
5. Oh, _____ _____ .　　　　　　いいえ、気にしないで。
6. _____ , Pak / Bu.　　　　　　　失礼します。

解答
1. terlambat　2. jangan　3. Duduk, bukalah　4. maaf
5. tidak, apa-apa　6. Maaf

チェックタイム ①

● 第1課から第4課の復習です。

Ⅰ. 次の文をインドネシア語に訳してください。

1. おはようございます。
2. お元気ですか？
3. 元気です。ありがとう。
4. あなたは？
5. 私も元気です。
6. また会いましょう。

Ⅱ. 次の文にインドネシア語で答えてください。

1. Siapa namanya ?
2. Anda berasal dari mana ?
3. Apa kabar ?
4. Saya minta maaf.
5. Ini untuk kamu.

Ⅲ. 次の文を日本語に訳してください。

1. Selamat siang, Pak.
2. Maaf saya terlambat.
3. Lain kali jangan terlambat, ya.
4. Duduk dan bukalah buku！

解答

Ⅰ 1. Selamat pagi.　　　　　　　2. Apa kabar ?
　　3. Baik-baik saja. Terima kasih.　4. Kalau Anda ?
　　5. Saya juga baik.　　　　　　6. Sampai jumpa lagi.

Ⅱ 1. Nama saya ＿＿＿ .　　　　2. Saya berasal dari ＿＿＿ .
　　3. Baik-baik saja. Terima kasih.　4. Tidak apa-apa.
　　5. Untuk aku?　Aduh terima kasih.

Ⅲ 1. こんにちは。　　　　　　　2. 遅れてすみません。
　　3. 次回は遅れないでください。　4. 座って、本を開いてください。

コラム①
家族や親戚・国名

父	ayah / bapak	叔母	bibi / tante
母	ibu	甥	keponakan laki-laki
両親	orang tua	姪	keponakan perempuan
祖父	kakek	いとこ	saudara sepupu
祖母	nenek	孫	cucu
兄／姉	kakak laki-laki / kakak perempuan	妻	isteri
		夫	suami
弟／妹	adik laki-laki / adik perempuan	義理の父	bapak mertua
叔父	paman / oom	義理の母	ibu mertua

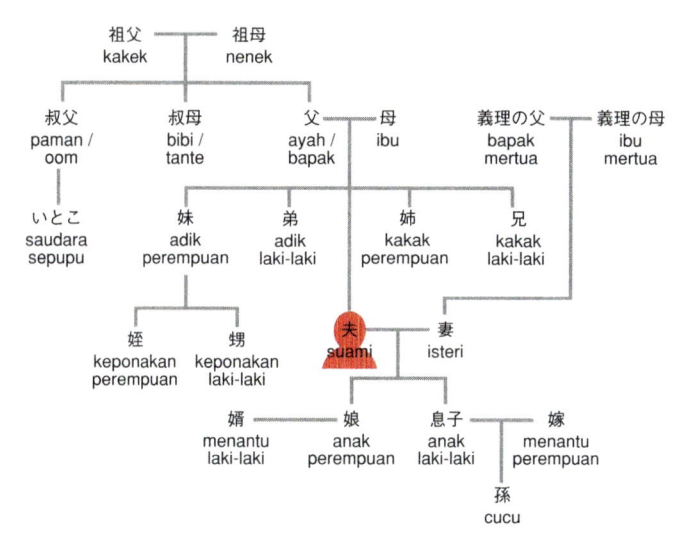

```
祖父 ─────── 祖母
kakek         nenek
                │
┌───────┬──────┴──┐
叔父   叔母      父 ─ 母        義理の父 ─ 義理の母
paman/ bibi/   ayah/ ibu       bapak      ibu
oom    tante   bapak           mertua    mertua
 │      │       │                 │
いとこ 妹 弟   姉    兄
saudara adik adik kakak kakak
sepupu  perempuan laki-laki perempuan laki-laki
         │ │
        姪 甥      夫 ─ 妻
     keponakan    suami  isteri
     perempuan keponakan
              laki-laki
                    │
         婿 ─ 娘      息子 ─ 嫁
      menantu anak    anak   menantu
      laki-laki perempuan laki-laki perempuan
                     │
                    孫
                   cucu
```

アメリカ合衆国	Amerika Serikat	オーストラリア	Australia
ロシア	Rusia	日本	Jepang
オランダ	Belanda	中国	Cina / Tiongkok
イギリス	Inggeris	韓国	Korea
フランス	Perancis	マレーシア	Malaysia
ドイツ	Jerman	シンガポール	Singapura
ポルトガル	Portugis	タイ	Muangthai
南アフリカ	Afrika Selatan	フィリピン	Filipina
サウジアラビア	Arab Saudi	インド	India

Pelajaran 5
はい／いいえ （肯定／否定）

インドネシア語のイエスは1つですが、ノーの言い方は2通りあります。間違えずに言えるようにしましょう。

▶ **Maaf, Ibu, orang Indonesia ?**
　　マアフ　イブゥ　オラン　　インドネシア
失礼ですが、あなたはインドネシア人ですか？

▶ **Ibu dari Jawa ?**
　　イブゥ　ダリ　ジャワ
あなたはジャワからきましたか？

▶ **Ibu bekerja di sini ?**
　　イブゥ　ブクルジャ　ディ　スィニ
あなたはここで働いていますか？

ひろし

解説　何か質問されて、それが正しい場合には betul「本当の」または benar「正しい」と答えます。意味はほぼ同じで、どちらを使ってもかまいません。インドネシア語の否定には助動詞・動詞・形容詞の場合は tidak を、名詞・代名詞の場合は bukan を使います。
　＜例＞ Saya tidak pergi ke pasar.
　　　　 （私は市場へ行きません。）（動詞の否定）
　　　　 Rumah itu tidak besar.
　　　　 （その家は大きくありません。）（形容詞の否定）

Ⅰ 日常会話　　36　　第5課

語句の説明

orang：人
ya：はい
betul：本当の
bukan：いいえ
bekerja（kerja）：働く
ibu rumah tangga：主婦
rumah：家
tangga：階段

◀ **Ya, betul.**
　ヤァ　ブトゥル
はい、そうです。

◀ **Bukan, saya dari Bali.**
　ブカン　サヤ　ダリ　バリ
いいえ、私はバリからきました。

◀ **Tidak, saya tidak bekerja. Saya ibu rumah tangga.**
　ティダッ(ク)　サヤ　ティダッ(ク)　ブクルジャ　サヤ　イブゥ　ルマー　タンガ
いいえ、私は働いていません。私は主婦です。

主婦

　　Saya bukan orang Jepang.
　　　（私は日本人ではありません。）（名詞の否定）
　"Maaf, Anda orang Indonesia？"「あなたはインドネシア人ですか」と聞くのと同じくらいに"Maaf, Anda orang Jawa？"「あなたはジャワ人ですか」などとたずねます。
　多くの種族から成るインドネシアでは、同じインドネシア人でも肌の色や顔立ちもさまざまです。

Pelajaran 5　　37　　肯定／否定

よく使われる表現

あなたは日本人ですか？
Anda orang Jepang?
アンダ　オラン　ジュパン

いいえ、私は日本人ではありません。
Bukan, saya bukan orang Jepang.
ブカン　サヤ　ブカン　オラン　ジュパン

あなたは公務員ですか？
Anda pegawai negeri?
アンダ　プガワイ　ヌゥグリ

いいえ、私は公務員ではありません。会社員です。
Bukan, saya bukan pegawai negeri. Pegawai swasta.
ブカン　サヤ　ブカン　プガワイ　ヌゥグリ　プガワイ　スワスタ

あなたはここで働いていますか？
Ibu bekerja di sini?
イブゥ　ブクルジャ　ディ　スィニ

いいえ、ここで働いていません。私は郊外で働いています。
Tidak, saya tidak bekerja di sini. Saya bekerja di luar kota.
ティダッ(ク)　サヤ　ティダッ(ク)　ブクルジャ　ディ　スィニ　サヤ　ブクルジャ　ディ　ルワル　コタ

あなたはパンを食べますか？
Ibu makan roti?
イブゥ　マカン　ロティ

いいえ、パンを食べません。私はごはんを食べます。
Tidak, saya tidak makan roti. Saya makan nasi.
ティダッ(ク)　サヤ　ティダッ(ク)　マカン　ロティ　サヤ　マカン　ナシ

東京は寒いですか？
Tokyo dingin?
トウキョウ　ディンギン

いいえ、寒くありません。東京は暖かいです。
Tidak, Tokyo tidak dingin. Tokyo hangat.
ティダッ(ク)　トウキョウ　ティダッ(ク)　ディンギン　トウキョウ　ハ(ン)ガッ(ト)

解答　1. orang　2. Ya, betul　3. dokter　4. Bukan

Ⅰ 日常会話　第5課

ワンポイント アドバイス

ここでは場所を表す前置詞がでてきました。
場所を表す前置詞には、
ke 　〜へ
di 　〜に
dari 　〜から
があります。
　Ibu ke pasar「あなたは市場へ行きます」は ke の前に pergi（行く）という語が省略されています。通常、
　（pergi）　ke
　（datang）　dari
　（ada）　　di
が省略されています。

練習　復習しながら 話してみよう

●基本会話の練習をしましょう！

●下線部に適当な単語を入れて、会話を完成させてください。
　（CDを聞いて確認しましょう。）

1. Ibu, _____ Indonesia ?　　　　　　あなたはインドネシア人ですか？
2. _____ , _____ .　　　　　　　　　はい、そうです。
3. Anda _____ ?　　　　　　　　　　あなたは医者ですか？
4. _____ , saya guru .　　　　　　　　いいえ、私は教師です。

Anda dokter ?

Bukan, saya guru.

Pelajaran 5　　　肯定／否定

Pelajaran 6
あの、すみませんが （呼びかけ）

人に声をかけるのはなかなか勇気のいることです。でも声をかけなければ会話も成り立ちません。会話の上達にはまず話しかけてみることです。

▶ **Anu, maaf, Mbak.**
アヌー　マアフ　ンバッ（ク）
あのー、すみませんが。

▶ **Pinjam penanya, ya?**
ピンジャム　ペナニャ　ヤァ
ペンを貸してもらえますか？

ひろし

▶ **Anu, minta kertas juga, ya?**
アヌー　ミンタ　クルタス　ジュガ　ヤァ
あのー、紙もいいですか？

解説

　Ada apa？「何か」は直訳すると「何がありますか」という意味です。また、Mau pinjam penanya？ という文章で penanya の -nya は「あなたの持っているペン」という意味になります。

　Mbakは、日本語の「おねえさん」と言う意味です。相手に呼びかけるときに自分より年下の人や若い女性に対して使います。男性に対してはMas（おにいさん）を使います。

　インドネシア人は両親に対しても敬意を払います。

I 日常会話　第6課

語句の説明

anu〜：あのー（日本語と同じようなニュアンス）
ada：ある／いる
pinjam：借りる
pena：ペン
kertas：紙
ya：〜ね（文章の最後に付けて「〜ね」とか「〜よね」といった意味になる）

◀ **Ada apa ?**
　アダ　アパ
何か？

◀ **Ya, ini.**
　ヤァ　イニ
はい、どうぞ。

Mira
（ミラ）

◀ **Ya, silakan.**
　ヤァ　スィラカン
ええ、どうぞ。

　"Selamat pagi, Ayah"「お父さん、おはようございます」"Terima kasih, Ibu"「お母さん、ありがとう」という具合にAyahやIbuを使います。

　基本的には男性言葉、女性言葉といった区別はありませんから、相手の性別だけをはっきりさせます。

　子供にとって年上の男性はおにいさんやお父さん、年上の女性はおねえさんやお母さんにあたるわけです。

よく使われる表現

あのー、ちょっと。	**Anu, maaf Pak / Bu.** アヌー　マアフ　パッ(ク)／ブゥ
あのー、すみませんが。	**Anu, permisi Mas / Mbak.** アヌー　プルミスィ　マス／ンバッ(ク)
どうしましたか？	**Ada apa ?** アダ　アパ
どうしましたか？	**Kenapa ?** クナパ
すみませんが、ちょっとお手洗いへ。	**Permisi, Bu, mau ke belakang.** プルミスィ　ブゥ　マウ　ク　ブラカン
紙もください。	**Minta kertas juga.** ミンタ　クルタス　ジュガ
本を貸してもらえますか？	**Pinjam bukunya, ya ?** ピンジャム　ブクゥニャ　ヤァ
はい、どうぞ。	**Ya, ini.** ヤァ　イニ
はい、どうぞ。	**Ya, silakan.** ヤァ　スィラカン

ワンポイント アドバイス

トイレという言い方はいくつもあります。
toilet 「英語のトイレット」の意味
kamar kecil 「小さい部屋」という意味
ke belakang 「裏へ」の意味
w.c.（ウェセェ） 日本でも使いますが、読み方が違います。
日本語と同じように、その場の雰囲気で使い分けます。
インドネシアのトイレはさまざまです。都市では洋式や日本の和式とほぼ同じです。農村では高床式の家屋が川や入り江の上に建ててあり、家の中から下の川に落ちる式のものや家の外にある場合もあります。海に囲まれた島々では、トイレは海です。早朝、船で島のそばを通ると腰まで水に浸かって用をたしている光景を見かけることがあります。また、トイレットペーパーは使わず、左手を使って水で洗い流します。ですから左手で握手をしたり、物を渡したりしてはいけません。

練習　復習しながら話してみよう

●基本会話の練習をしましょう！

●下線部に適当な単語を入れて、会話を完成させてください。
（CDを聞いて確認しましょう。）

1. _____ , _____ , Mbak.　　　　　あのー、すみませんが。
2. _____ _____ ?　　　　　　　　　何か？
3. _____ penanya, ya ?　　　　　　　ペンを貸してもらえますか？
4. _____ , minta _____ juga, ya ?　　あのー、紙もいいですか？
5. _____ , _____ .　　　　　　　　ええ、どうぞ。

解答　1. Anu, maaf　2. Ada, apa　3. Pinjam　4. Anu, kertas　5. Ya, silakan

Pelajaran 7

もう一度お願いします
（聞き返し）

ここでは列車の時刻や何番ホームかをたずねます。時間の言い方を勉強しましょう。

▶ **Maaf, numpang tanya, Pak, jam berapa kereta berangkat ?**
マアフ　ヌンパン　タニャ　パッ（ク）　ジャム　ブラパ　クレタ　ブランカッ（ト）
ちょっとおたずねしますが、列車は何時に出発しますか？

▶ **Maaf, sekali lagi, Pak.**
マアフ　スカリ　ラギ　パッ（ク）
すみませんが、もう一度お願いします。

▶ **Peron nomor berapa ?**
ペロン　ノモル　ブラパ
何番ホームですか？

解説

　時間の言い方は jam 1「1時」というように数字の前に jam を付けます。

　また、1 jam「1時間」のように jam を数字の後に付けると何時間という意味になります。

　「何時何分」は jam ～ lewat ～ menit、「何時半」は jam setengah ～ と表します。

　seperempat というのは4分の1という意味で、15分または45分を表すときに使います。

I 日常会話　　第7課

語句の説明

numpang tanya：お聞きしますが（会話の最初に用いられる）
jam berapa：何時
berangkat：出発する（語根は angkat だが接頭辞 ber- が付く場合と接頭辞 me- が付く場合では意味が変わる）
mengangkat：持ち上げる
kereta：汽車／列車
peron：ホーム
nomor：番号　　sekali lagi：もう一度

◀ **Jam 5 : 15 (lima seperempat).**
　ジャム　　　　リマ　　　　スプルウムパット
5時15分です。

◀ **Jam lima lewat limabelas menit.**
　ジャム　リマ　レワッ（ト）　リマブラス　　ムニッ（ト）
5時15分です。

◀ **Nomor 2 (dua).**
　ノモル　　　ドゥア
2番ホームです。

駅員

例えば、
　6時半はjam setengah 7.
　（あと2分の1時間で7時）
　5時45分は jam 6 kurang seperempat.
　（6時に4分の1時間足りない）
という言い方をします。
　ただし、時間を正確に表す場合は、jam 5（lima）：45（empat puluh lima）と言います。

よく使われる表現

すみませんが、もう一度お願いします。	Maaf, sekali lagi, Pak. マアフ　スカリ　ラギ　パッ（ク）
すみませんが、もう一度お願いします。	Maaf, tolong diulang, Bu. マアフ　トロン　ディウラン　ブゥ
えっ、何ですか？	Eh, apa Bu ? エー　アパ　ブゥ
何ですか？	Bagaimana, Pak ? / Apa, Pak ? バガイマナ　パッ（ク）／アパ　パッ（ク）
ゆっくりしゃべってください。	Bicara perlahan- lahan, Bu. ビチャラ　プルラハン　ラハン　ブゥ
今、何時ですか？	Jam berapa sekarang ? ジャム　ブラパ　スカラン
講義は何時に始まりますか？	Jam berapa kuliah (di) mulai ? ジャム　ブラパ　クゥリアー　ディ　ムライ

Jam berapa sekarang ?

Jam delapan, Bu.

ワンポイント アドバイス

動詞の前に di-（di は前置詞の di もありますが）が付くと、よりていねいな意味になり、「〜される」という受け身の形になります。

日本語ではストレートに「〜する」と言うところを、インドネシア語では「〜される」という受け身の形にする場合が多いようです。

練習　復習しながら 話してみよう

A36 ●基本会話の練習をしましょう！

A37 ●下線部に適当な単語を入れて、会話を完成させてください。
（ＣＤを聞いて確認しましょう。数字もインドネシア語で書きましょう。）

1. _____ , numpang _____ , Pak.　　　ちょっとおたずねしますが。
2. _____ _____ kereta berangkat ?　　列車は何時に出発しますか？
3. Jam _____ _____ .　　　　　　　　5時15分です。
4. _____ , _____ lagi, Pak.　　　　　すみませんが、もう一度お願いします。
5. _____ _____ berapa ?　　　　　　　何番ホームですか？
6. _____ _____ .　　　　　　　　　　2番ホームです。

解答
1. Maaf, tanya　　2. Jam, berapa　　3. lima, seperempat　　4. Maaf, sekali
5. Peron, nomor　　6. Nomor, dua

Pelajaran 8
～をしてください（依頼）

tolong ～（～してください）を使って人に何かを頼んでみましょう。

▶ **Tati, tolong ambil kamus itu.**
タティ　トロン　アンビル　カムゥス　イトゥ
タティさん、その辞書を取って来てください。

▶ **Terima kasih, tolong buka jendela.**
トゥリマ　カスィ　トロン　ブカ　ジュンデラ
どうもありがとう、窓を開けてください。

▶ **Ya, tolong. Terima kasih.**
ヤァ　トロン　トゥリマ　カスィ
ええ、お願いします。どうもありがとう。

解説

人にものを頼むときには tolong ～「～してください」を使います。また、「どうぞ～してください」というときには silakan ～ を使います。

tolong は人に頼む場合、silakan は人に勧める場合と覚えてください。

<例>
Tolong kirim surat ini.
（この手紙を送ってください。）

Ⅰ 日常会話　　第8課

語句の説明

tolong：〜してください
ambil：取る／持つ
kamus：辞書
jendela：窓
pintu：ドア
Kembali：どういたしまして

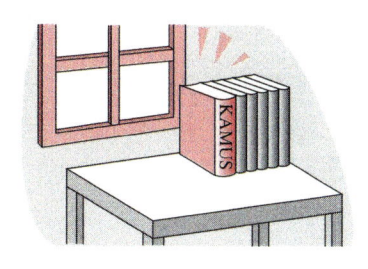

◀ **Ya, ini.**
ヤァ　イニ
はい、どうぞ。

◀ **Baik. Pintu ini juga ?**
バイッ（ク）　ピントゥ　イニ　ジュガ
いいですよ。このドアもですか？

Tati
（タティ）

◀ **Kembali.**
クンバリ
どういたしまして。

　　Silakan duduk.
　　（座ってください。）
tolong や silakan を使わずに動詞だけを使うと
　　Kirim surat ini.
　　（この手紙を送って／この手紙を送れ）
　　Duduk.
　　（座って／座れ）
のようにかなり強い命令調になります。

Pelajaran 8　　**49**　　依　頼

よく使われる表現

すみませんが、
新聞を取ってきてください。

Maaf, tolong ambil koran.
マアフ　トロン　アンビル　コラン

はい、どうぞ。

Ya, ini.
ヤァ　イニ

すみませんが、
この手紙を送ってください。

Maaf, tolong kirim surat ini.
マアフ　トロン　キリム　スラッ（ト）イニ

私の靴を洗ってください。

Tolong cuci sepatu saya.
トロン　チュチィ　スパトゥ　サヤ

タクシーを呼んでください。

Tolong panggil taksi.
トロン　パンギル　タクスィ

いいですよ。

Baik.
バイッ（ク）

Tolong panggil taksi.

Baik.

解答　1．tolong, ambil　2．Ya, ini　3．tolong, buka　4．Baik, Pintu, juga
5．tolong　6．Kembali（または Sama-sama）

ワンポイント アドバイス

4課で出てきた -lah（～してください）という言い方は silakan と同じ意味で使いますが、目上の人や初めて会った人には silakan のほうを使い、-lah は自分より年下の人や親しい間柄の人に使うのがよいでしょう。

また、動詞や名詞のあとに付けて語勢を強めます。

＜例＞
　Masuklah！　入りなさい！／入ってください。
　Inilah！　これだ！
　-lah を付けると同じ命令文でも動詞だけの場合よりもやわらかくなります。また、口調によって同じ命令でも（食べなさい）と（食べてください）では相手の受取り方が違います。

＜例＞
　Makanlah！　（食べなさい。）
　　　　　　　（食べてください。）

練習　復習しながら 話してみよう

●基本会話の練習をしましょう！

●下線部に適当な単語を入れて、会話を完成させてください。
（CDを聞いて確認しましょう。）

1. Tini, _____ _____ kamus itu.　　　ティニさん、その辞書を取って来てください。
2. _____ , _____ .　　　はい、どうぞ。
3. Terima kasih, _____ _____ jendela.　　どうもありがとう、窓を開けてください。
4. _____ . _____ ini _____ ?　　いいですよ。このドアもですか？
5. Ya, _____ . Terima kasih.　　ええ、お願いします。どうもありがとう。
6. _____ .　　どういたしまして。

チェックタイム②

● 第5課から第8課の復習です。

Ⅰ．次の文をインドネシア語に訳してください。

1．すみませんが、もう一度お願いします。
2．えっ、何ですか？
3．ゆっくりしゃべってください。
4．その辞書を取ってください。
5．タクシーを呼んでください。

Ⅱ．次の文にインドネシア語で答えてください。

1．Maaf, Ibu orang Indonesia？　2．Nona dari Tokyo？
3．Anda bekerja di sini？　4．Bapak sibuk？
5．Jam berapa sekarang？

Ⅲ．次の文を日本語に訳してください。

1．Maaf, numpang tanya, Pak.　2．Jam berapa kereta berangkat？
3．Jam lima seperempat.　4．Peron nomor berapa？
5．Maaf sekali lagi.

解答

Ⅰ　1．Maaf, sekali lagi.　2．Eh, apa？
　　3．Mohon bicara perlahan-lahan.　4．Tolong ambil kamus itu.
　　5．Tolong panggil taksi.

Ⅱ　1．Bukan, saya bukan orang Indonesia.　2．Ya, saya dari Tokyo.
　　3．Ya, saya bekerja di sini. Tidak, saya tidak bekerja di sini.
　　4．Ya, saya sibuk. Tidak, saya tidak sibuk.　5．Jam 〜．

Ⅲ　1．すみません、ちょっとおたずねしますが。　2．列車は何時に出発しますか？
　　3．5時15分です。　4．何番ホームですか？
　　5．すみませんが、もう一度お願いします。

コラム② 前置詞・曜日・月・季節

〈前置詞〉

前置詞には、di：〜に、〜で、ke：〜へ、dari：〜から、の３つがあります。これらの前置詞は次の語句の前に用いて使うことができます（5課でもふれています）。

日本語	インドネシア語	日本語
上に、上へ、上から	atas	上
下に、下へ、下から	bawah	下
前に、前へ、前から	depan / muka	前
後ろに、後ろへ、後ろから	belakang	後ろ
真ん中に、真ん中へ、真ん中から	tengah	真ん中
横に、横へ、横から	sebelah	横／側
中に、中へ、中から	dalam	中
外に、外へ、外から	luar	外
間に、間へ、間から	antara	間
ここに、ここへ、ここから	sini	ここ
そこに、そこへ、そこから	situ	そこ
あそこに、あそこへ、あそこから	sana	あそこ

また、di、ke、dari 以外の前置詞には以下のようなものがあります。

日本語	インドネシア語	日本語	インドネシア語
〜にとって	bagi	〜として	sebagai
〜と一緒に／〜で	dengan	〜以来	sejak
〜を除いて	kecuali	〜に沿って	sepanjang
〜に（人に対して）	kepada	〜の間	selama
〜に	pada	〜を除いて	selain
〜を通して	melalui	〜まで	sampai
〜によると	menurut	〜について	tentang
〜によって	oleh	〜に対して	terhadap
〜のような／〜のように	seperti	〜なしで	tanpa

〈曜日〉

日曜日	Hari Minggu
月曜日	Hari Senin
火曜日	Hari Selasa
水曜日	Hari Rabu
木曜日	Hari Kamis
金曜日	Hari Jumat
土曜日	Hari Sabtu

〈月〉

月	インドネシア語
1月	Januari
2月	Februari
3月	Maret
4月	April
5月	Mei
6月	Juni
7月	Juli
8月	Agustus
9月	September
10月	Oktober
11月	November
12月	Desember

〈季節〉

季節	インドネシア語
春	musim bunga / musim semi
夏	musim panas
秋	musim gugur
冬	musim dingin
雨季	musim hujan
乾季	musim kemarau

Pelajaran 9
〜してもよろしいですか （許可）

boleh を使って相手に許可を求めてみましょう。
日本語の「〜してもいいですか」という言い方です。

▶ **Tati, boleh pinjam kamusnya ?**
タティ　ボレ　ピンジャム　カムゥスニャ
タティさん、（あなたの）辞書を借りてもいいですか？

▶ **Boleh pinjam buku ini ?**
ボレ　ピンジャム　ブゥクゥ　イニ
この本を借りてもいいですか？

ひろし

▶ **Baik, besok saya bawa.**
バイッ（ク）　ベソッ（ク）　サヤ　バワ
わかりました。明日持ってきます。

解説

　masih 〜 は「まだ〜している」という意味ですが、Saya masih mahasiswa.「私はまだ大学生です」のように「まだ〜である」という意味にも使います。
　また、baik は第1課でもでてきましたが、ここでは「わかりました」という意味で使われています。
　besokは「明日」という意味ですが、インドネシアでは必ずしも「明日」という意味だけではなく、明日以降でもbesokという言い方をする場合があります。

語句の説明

boleh：できる／可能な　　masih：まだ〜している
pakai：使う
ya：はい（肯定）という意味の他に「〜ね」とか「〜よね」と言葉をやわらげるのにも使われる。文の最初にくる場合は肯定の「はい」、文の最後にくる場合は「〜ね」という意味になる
tapi / tetapi：しかし／けれども（tapiは会話的な言い方）
lusa：明後日　　besok：明日
bawa：持ってくる

◀ **Oh, maaf, masih pakai.**
オー　マアフ　マスィ　パカイ
ああ、ごめんなさい、まだ使っています。

◀ **Ya, tapi lusa bawa kembali, ya.**
ヤァ　タピ　ルサ　バワ　クンバリ　ヤァ
ええ、でも明後日には返してくださいね。

Tati
（タティ）

◀ **Ya, sampai besok, ya.**
ヤァ　サンパイ　ベソッ(ク)　ヤァ
はい、じゃ、またあしたね。

しあさっては tiga hari yang akan datang「3日後」と言います。
許可を表す boleh 以外に可能を表す bisa「〜できる」と dapat「〜できる」があります。
＜例＞
Saya bisa berbicara bahasa Indonesia.
（私はインドネシア語が話せます。）
Mereka dapat sampai di sekolah pada waktunya.
（彼等は時間までに学校に着くことができます。）

Pelajaran 9　　55　　許　可

よく使われる表現

日本語	Indonesia
電話を借りてもいいですか？	**Boleh pinjam teleponnya ?** ボレ　ピンジャム　テレポンニャ
テレビをつけてもいいですか？	**Boleh pasang TV ?** ボレ　パサン　ティーフィー
ええ、どうぞ。	**Ya, silakan.** ヤァ　スィラカン
タバコを吸ってもいいですか？	**Boleh merokok ?** ボレ　ムロコッ(ク)
ごめんなさい、だめです。	**Maaf, tidak boleh.** マアフ　ティダッ(ク)　ボレ
外でタバコを吸ってください。	**Anda harus merokok di luar.** アンダ　ハルス　ムロコッ(ク)　ディ　ルアル
ここに座ってもいいですか？	**Boleh duduk di sini ?** ボレ　ドゥドゥッ(ク)　ディ　スィニィ
ええ、どうぞ。	**Ya, silakan.** ヤァ　スィラカン
いいえ、人がいます。	**Maaf, ada orangnya.** マアフ　アダ　オランニャ

- Boleh pasang TV ?
- Ya, silakan.

ワンポイント アドバイス

　助動詞の harus 〜「〜しなければならない」は命令調の「〜しなさい」というときにも使われます。harus と同じ意味の mesti という言い方もあります。
＜例＞
　　Anda harus belajar. 「勉強しなさい」
　　　　　　　　　　　「勉強しなければならない」
　　Anda mesti belajar. 「勉強しなさい」
　　　　　　　　　　　「勉強しなければならない」
　harus は英語の have to、mesti は英語の must という具合に覚えていくとよいでしょう。

練習　復習しながら話してみよう

A48 ●基本会話の練習をしましょう！

A49 ●下線部に適当な単語を入れて、会話を完成させてください。
　　（CDを聞いて確認しましょう。）

1. Tati, _____ _____ kamusnya ?　　タティさん、辞書を借りてもいいですか？

2. Oh, maaf,_____ _____.　　あぁ、ごめんなさい、まだ使っています。

3. _____ _____ buku ini ?　　この本を借りてもいいですか？

4. _____ , _____ lusa _____ kembali, ya.　　ええ、でも明後日には返してくださいね。

5. _____ , _____ saya bawa.　　わかりました。明日持ってきます。

解答
1. boleh, pinjam　　2. masih, pakai　　3. Boleh, pinjam　　4. Ya, tapi, bawa
5. Baik, besok

Pelajaran 9　　許可

Pelajaran 10
〜ですね（確認）

慣れない言葉で話していると、相手の言っていることがよくわからなかったり、あいまいだったりすることが多くあります。そんなときは遠慮せず、bukan を使って「〜ですね」と確認してみましょう。

▶ **Maaf, Anda orang Jepang, bukan ?**
マアフ　アンダ　オラン　ジュパン　　ブカン
失礼ですが、あなたは日本人ですね。

Budi
（ブディ）

▶ **Saya orang Malaysia.**
サヤ　オラン　マレーシア
私はマレーシア人です。

▶ **Ya, tapi ada sedikit bedanya.**
ヤァ　タピ　アダ　スゥディキッ（ト）　ベダニャ
ええ、でも少しは違いがあります。

解説　bukan は名詞を否定する否定詞ですが、付加疑問詞としても使います。英語と違い、その文が肯定でも否定でも付加疑問詞の形は変わりません。

＜例＞
Anda orang Indonesia, bukan ?
（あなたはインドネシア人ですね。）

語句の説明

bukan：〜ですね（付加疑問）　　orang Jepang：日本人
kalau：もし〜ならば　　bahasa：言語
orang Malaysia：マレーシア人
dengan：〜と／一緒に（前置詞として用いられる）
sama dengan：〜と同じ
sedikit：少し（形容詞）
beda：差／区別
bedanya：その違いは

◀ **Ya, betul. Kalau Anda ?**
ヤァ　ブトゥル　カラウ　アンダ
ええ、そうです。あなたは？

◀ **Bahasa Malaysia sama dengan bahasa Indonesia, bukan ?**
バハサ　マレーシア　サマ　ドゥ（ン）ガン　バハサ　インドネシア　ブカン
マレーシア語はインドネシア語と同じですね。

けいこ

◀ **Oh, begitu ?**
オー　ブギトゥ
ああ、そうですか。

Anda bukan orang Indonesia, bukan ?
（あなたはインドネシア人ではありませんね。）

Bapak makan nasi, bukan ?
（あなたはごはんを食べますね。）

Bapak tidak makan nasi, bukan ?
（あなたはごはんを食べませんね。）

Pelajaran 10　59　確　認

よく使われる表現

あなたはアメリカ人ですね。	**Anda orang Amerika, bukan ?** アンダ　オラン　アメリカ　　　ブカン
はい、そうです。	**Ya, betul.** ヤァ　ブトゥル
あなたはインドネシア人ですね。／ あなたはインドネシアからきましたね。	**Ibu dari Indonesia, bukan ?** イブゥ　ダリ　インドネシア　　ブカン
いいえ、私はインドネシア人ではありません。	**Bukan, saya bukan orang Indonesia.** ブカン　サヤ　ブカン　オラン インドネシア
今日、講義がありますね。	**Hari ini ada kuliah, bukan ?** ハリ　イニ　アダ　クゥリアー　　ブカン
いいえ、今日、講義はありません。	**Tidak, hari ini tidak ada kuliah.** ティダッ(ク)　ハリ　イニ　ティダッ(ク)　アダ クゥリアー

> Hari ini ada kuliah, bukan ?

> Tidak, hari ini tidak ada kuliah.

Ⅰ 日常会話　　第10課

ワンポイント アドバイス

bukan を使ったいくつかの熟語があります。
＜例＞
bukan-bukan 「ありえない」
bukan main 「非常に」「何て～だろう」
感嘆詞でも使います。
＜例＞
Bukan main cantiknya wanita itu. 「何てきれいな人でしょう！」
bukan tidak は二重否定 「～でなくはない」として使います。
＜例＞
Bukan tidak bisa. 「できないのではない。」
Saya bukannya tidak suka musik. （nya は強調）
「私は音楽が嫌いではない。」

練習　復習しながら 話してみよう

● 基本会話の練習をしましょう！

● 下線部に適当な単語を入れて、会話を完成させてください。
（CDを聞いて確認しましょう。）

1. Maaf, Anda _____ Jepang, _____ ?　　　　失礼ですが、あなたは日本人ですね。
2. _____ _____, _____ Anda ?　　　　ええ、そうです、あなたは？
3. Saya _____ Malaysia.　　　　私はマレーシア人です。
4. Bahasa Indonesia _____ _____ 　　　　インドネシア語はマレーシア語と同じ
   bahasa Malaysia, _____ ?　　　　ですね。
5. Ya, _____ ada _____ bedanya.　　　　ええ、でも少し違いがあります。
6. Oh, _____ ?　　　　ああ、そうですか。

解答
1．orang, bukan　　2．Ya, betul, kalau　　3．orang　　4．sama, dengan, bukan
5．tapi, sedikit,　　6．begitu

Pelajaran 11
～が欲しい／したい （願望）

「～が欲しい、～したい」ということを相手に伝えるのは大事なことです。mau や ingin を使い分けましょう。

▶ **Rini, mau makan apa ?**
リニ　マウ　マカン　アパ
リニさん、何が食べたいですか？

▶ **Lalu, mau ke mana ?**
ラルゥ　マウ　ク　マナ
それから、どこへ行きますか？

Budi
（ブディ）

▶ **Mau beli apa ?**
マウ　ブリ　アパ
何を買いたいですか？

解説

「～が欲しい、～したい」という言い方は、mau または ingin を使います。ingin のほうが mau よりも「切望する」という意味でより強い願望を表します。ingin / mau ＋ 名詞 の場合は「～が欲しい」、mau ＋ 動詞 の場合は「～したい」という意味です。また、mau は「これから～する」という意味もあります。

＜例＞
Sudah jam 12, saya mau tidur.
（12時になったので、私は寝ます。）

語句の説明

mau：〜したい／欲する
makan：食べる
mie goreng：ミーゴレン（インドネシア風焼きそば）
lalu：それから
berbelanja（belanja）：買い物をする
beli：買う
ingin：切望する
tas merah：赤い鞄　　sepatu：靴

◀ **Saya mau mie goreng.**
　サヤ　　マウ　　ミー　　　ゴレン
ミーゴレンが食べたいです。

◀ **Mau berbelanja.**
　マウ　　　　ブルブランジャ
買い物がしたいです。

Rini
（リニ）

◀ **Saya ingin tas merah.**
　サヤ　イ（ン）ギン　タス　　メラー
私は赤い鞄が欲しいです。

一言メモ

●ミーゴレン（インドネシア風焼きそば）
　見た目は日本の焼きそばと変わりません。
　バワンプティと呼ばれるにんにくとねぎを油で炒めて、キャベツや菜っ葉、鳥の挽き肉や海老を塩、胡椒、ケチャッマニスと呼ばれる甘口の醤油で味付けし、麺を入れて出来上がり。
　その土地によって多少異なりますが、唐辛子を使ったサンバルで好みの辛さにして食べます。

よく使われる表現

何が食べたいですか？	**Mau makan apa ?** マウ　マカン　アパ
サテが食べたいです。	**Mau makan sate.** マウ　マカン　サテ
何になりたいですか？	**Mau jadi apa ?** マウ　ジャディ　アパ
彼は／彼女は先生になりたいです。	**Dia ingin jadi guru.** ディア イ(ン)ギン ジャディ グゥルゥ
私はちょっとお風呂に入ってきますね。	**Saya mau mandi dulu, ya.** サヤ　マウ　マンディ　ドゥルゥ　ヤァ
君は靴が欲しいですか？	**Kamu ingin sepatu ?** カムゥ　イ(ン)ギン　スパトゥ

Sate	串焼き
sate ayam	焼きとり
sate sapi	牛肉の串焼き
sate kambing	山羊肉の串焼き

解答　1．mau, makan　2．mau, mie, goreng　3．Lalu, ke, mana
　　　4．Mau, berbelanja　5．Mau, beli　6．ingin, tas, merah

ワンポイント アドバイス

● mau と ingin

mau は「（可能性のあることに対して）〜したい」、ingin は「できないかもしれないけれども、強い願望がある」

通常は ingin を使うよりも mau や suka（〜が好き／〜を好む）を使った言い方がよいでしょう。助動詞 mau や ingin は文法上では動詞の前にきます。

＜例＞
主語 ＋ 助動詞 ＋ 動詞 ＋ 目的語
Saya　mau　makan　sate.
の順になります。

練習　復習しながら 話してみよう

● 基本会話の練習をしましょう！

● 下線部に適当な単語を入れて、会話を完成させてください。
（ＣＤを聞いて確認しましょう。）

1. Rini, _____ _____ apa ?　　　　リニさん、何が食べたいですか？
2. Saya_____ _____ _____ .　　ミーゴレンが食べたいです。
3. _____ , mau _____ _____ ?　それからどこへ行きますか？
4. _____ _____ .　　　　　　　　買い物がしたいです。
5. _____ _____ apa ?　　　　　　何を買いたいですか？
6. Saya _____ _____ _____ .　　私は赤い鞄が欲しいです。

Saya mau mie goreng.

Pelajaran 11　　願望

Pelajaran 12
〜しました （現在完了）

インドネシア語の時制は簡単です。「〜しました」というのは sudah を付けるだけです。

▶ Budi, kamu sudah makan siang ?
ブディ　カムゥ　スゥダー　マカン　スィアン

ブディさん、昼御飯は食べましたか？

▶ Mengapa belum makan ?
ム（ン）ガパ　ブルム　マカン

どうしてまだなのですか？

▶ Jam berapa mau makan ?
ジャム　ブラパ　マウ　マカン

何時に食べますか？

解説

　インドネシア語の時制は現在、過去、未来です。
　現在形は動詞の原形をそのまま使い、過去形には sudah または telah（どちらを使っても同じ。会話的には sudah の方が多い）を動詞の前に付けます。
　未来形は akan（英語の will / shall）を使う場合もありますが、通常は未来を表す語が文章の中にある場合、何も付けないこともあります。

I 日常会話

語句の説明

makan siang：昼食
belum：まだ～していない
mengapa / kenapa：どうして
lapar：空腹な
karena：なぜなら／～なので
minum：飲む
gelas：グラス／コップ　　2 gelas：2杯の
susu：ミルク

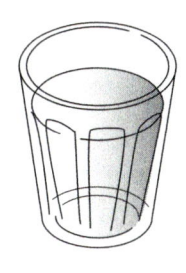

◀ **Belum.**
ブルム
まだです。

◀ **Saya belum lapar.**
サヤ　　ブルム　　ラパル
まだおなかがすいていません。

◀ **Jam 1(satu), karena sudah minum 2 gelas susu.**
ジャム　サトゥ　　カルナ　スゥダー　ミヌム　ドゥア　グラス
スゥスゥ
ミルクを2杯飲んだので、1時に食べます。

Budi
（ブディ）

現在	sedang	～している（現在進行）
	masih	まだ～している
過去	sudah / telah	もう～した
	sudah pernah	～したことがある
	belum pernah	まだ～したことがない
	tidak pernah	～したことがない
未来	akan	～でしょう／～するつもり

Pelajaran 12　　現在完了

よく使われる表現

もうお風呂に入りましたか？	**Sudah mandi ?** スゥダー　マンディ
はい、入りました。	**Sudah.** スゥダー
もう帰りましたか？	**Sudah pulang ?** スゥダー　プゥラン
いいえ、まだです。	**Belum.** ブルム
何時に帰りますか？	**Jam berapa pulang ?** ジャム　ブラパ　プゥラン
7時に帰ります。	**Jam 7(tujuh).** ジャム　トゥジュー
私はミルクを飲みました。	**Saya sudah minum susu.** サヤ　スゥダー　ミヌム　スゥスゥ
私はまだ朝御飯を食べていません。	**Saya belum makan pagi.** サヤ　ブルム　マカン　パギ
私は疲れていません。	**Saya tidak cape.** サヤ　ティダッ（ク）　チャペ

Sudah pulang ?

Belum.

ワンポイント アドバイス

インドネシア語には時制による動詞の変化はありません。したがって、過去や未来や現在進行の sudah、akan、sedang が付いている場合はすぐにわかりますが、何も付いていない文章の場合は過去を表す kemarin（昨日）や、未来を表す tahun depan（来年）といった語で判断しなければなりません。

<過去>
きのう：kemarin
おととい：kemarin dulu
先週：minggu lalu
去年：tahun lalu
10年前：10 tahun yang lalu

<未来>
あした：besok
あさって：lusa
来週：minggu depan
来年：tahun depan
10年後：10 tahun yang akan datang

練習 復習しながら 話してみよう

●基本会話の練習をしましょう！

●下線部に適当な単語を入れて、会話を完成させてください。
（CDを聞いて確認しましょう。数字もインデネシア語で書きましょう。）

1. Budi, _____ makan _____ ?　　ブディさん、昼御飯は食べましたか？
2. _____ .　　まだです。
3. _____ _____ makan ?　　どうしてまだなのですか？
4. _____ belum _____ .　　まだおなかがすいていません。
5. _____ _____ mau makan ?　　何時に食べますか？
6. Jam _____ , karena _____ _____ 2 gelas susu.　　ミルクを2杯飲んだので、1時に食べます。

解答
1. sudah, siang 2. Belum 3. Mengapa, belum 4. Saya, lapar
5. Jam, berapa 6. satu, sudah, minum

Pelajaran 12　　現在完了

チェックタイム ③

●第9課から第12課の復習です。

I．次の文をインドネシア語に訳してください。

1．タティさん、辞書を借りてもいいですか？
2．あぁ、ごめんなさい。まだ使っています。
3．この本を借りてもいいですか？
4．ええ、でも明後日には返してくださいね。
5．わかりました。明日持ってきます。

II．次の文にインドネシア語で答えてください。

1．Boleh pasang TV ?
2．Boleh merokok ?
3．Maaf, Anda orang Jepang ?
4．Bahasa Malaysia sama dengan bahasa Indonesia, bukan ?
5．Hari ini dingin ?

III．次の文を日本語に訳してください。

1．Rini, mau minum apa ?
2．Anda ingin tas merah ?
3．Saya mau mandi dulu, ya.
4．Budi, kamu sudah makan ?
5．Mengapa belum makan ?
6．Saya belum lapar.

解答

I 1．Tati, boleh pinjam kamusnya ?   2．Oh, maaf. Saya masih pakai.
   3．Boleh pinjam buku ini ?   4．Ya, tapi lusa bawa kembali, ya.
   5．Baik. Besok saya bawa.

II 1．Ya, silakan. ／Tidak, tidak boleh.   2．Ya, silakan. ／Tidak, tidak boleh.
   3．Ya, betul. ／Bukan, saya bukan orang Jepang.
   4．Ya, tapi ada sedikit bedanya.
   5．Ya, dingin. ／Tidak, tidak dingin.

III 1．リニさん、何を飲みますか？   2．赤い鞄が欲しいですか？
    3．お風呂に入ってきますね。   4．ブディさん、御飯を食べましたか？
    5．なぜ、まだ食べないのですか？   6．まだ、おなかがすいていません。

コラム③ 形容詞

形容詞には次のようなものがあります。

〈一般的な形容詞〉

日本語	インドネシア語	日本語	インドネシア語
大きい	besar	小さい	kecil
多い	banyak	少ない	sedikit
暑い	panas	寒い	dingin
涼しい	sejuk	あたたかい	hangat
遠い	jauh	近い	dekat
強い	kuat	弱い	lemah
明るい	terang	暗い	gelap
高い（値段が）	mahal	安い	murah
長い	panjang	短い	pendek
金持ちの	kaya	貧乏の	miskin
太った	gemuk	やせた	kurus
高い（高さが）	tinggi	低い	rendah
勤勉な	rajin	怠けた	malas
清潔な	bersih	汚い	kotor
よい	bagus	悪い	jelek
よい	baik	悪い	buruk
からの	kosong	いっぱいの	penuh
重い	berat	軽い	ringan
広い	luas	せまい	sempit
新しい	baru	古い	lama
若い	muda	年老いた	tua
空腹の	lapar	おなかがいっぱいの	kenyang
難しい	susah	簡単な	mudah
忙しい	sibuk	のんびりした	santai
湿った	basah	乾いた	kering
賢い	pandai	馬鹿な	bodoh
堅い	keras	柔らかい	empuk
厚い	tebal	薄い	tipis
速い	cepat	おそい	lambat
気の狂った	gila	正常な	waras
きれいな／美しい（人）	cantik	みにくい（人）	jelek
美しい（風景など）	indah	喉が渇いた	haus

〈感情・味・色を表す形容詞〉

―感情―

楽しい／うれしい	senang
悲しい	sedih
寂しい	sepi
怒った	marah
怖い	takut
恥ずかしい	malu
飽きた	bosan
心配な／不安な	khawatir

―味―

美味しい	enak
辛い	pedas
甘い	manis
苦い	pahit
塩辛い	asin
酸っぱい	asam

―色―

白い	putih
黒い	hitam
赤い	merah
青い	biru
緑の	hijau
黄色の	kuning
茶色の	coklat
紫の	ungu
灰色の	abu-abu
オレンジ色の	oranye

I. 実力診断テスト

A 65 [問題] 日本語の文を読んで、インドネシア語で言ってみましょう。
CDを聞いて答えを確かめてください。

1. こんにちは。
   こんにちは。

2. お元気ですか？
   ええ、元気です。ありがとう。

3. あなた（自身）はどうですか？
   私も元気（健康）です、ありがとう。

4. また、会いましょうね。
   ええ、また会いましょう。

5. さようなら。
   さようなら。

6. はじめまして、私はリタ・スカントです。
   私は木村ますみです。

7. どこの出身ですか？
   インドネシアのマルク諸島の出身です。

8. どこの出身（オリジナル）ですか？
   私はテルナテ生れです。

9. ニタさん、これを君に。
   私に？　わぁ、ありがとう。

10. どうもありがとうございます。
    どういたしまして。

11. 遅れてすみません。
    あぁ、気にしないでください。

12. すみません、あなたはインドネシア人ですか？（Ibu）
    いいえ、私はマレーシア人です。

13. すみません、ちょっとおたずねしますが、スディルマン通りはどこですか？（Mbak）（jalan Sudirman）
    あぁ、ここをまっすぐに行ってください。それから四つ角を左に曲がってください。そこがスディルマン通です。

14. 今、何時ですか？
    今、9時です。

15. 電話を借りてもいいですか？
    ええ、どうぞ。

16. タバコを吸ってもいいですか？
    すみませんが、だめです。

17. ヤニさん、何が食べたいですか？
    ミーゴレンが食べたいです。

18. お風呂に入りましたか？
    まだです。

19. その新聞を取ってください。
    はい、これです。

20. 失礼します、ちょっとお手洗いへ。
    はい、ここです。

I. 実力診断テスト　[解答]

[問題の解答]

1. Selamat siang.
   Selamat siang.

2. Apa kabar ?
   Baik-baik saja. Terima kasih.

3. Ibu sendiri, bagaimana ?
   Saya juga sehat-sehat saja. Terima kasih.

4. Sampai jumpa lagi, ya.
   Ya, sampai bertemu kembali.

5. Selamat jalan.
   Selamat tinggal.

6. Kenalkan, nama saya Rita Sukamto.
   Nama saya Masumi Kimura.

7. Anda berasal dari mana ?
   Saya berasal dari Maluku, Indonesia.

8. Asli mana ?
   Saya kelahiran Ternate.

9. Ini untuk kamu, Nita.
   Untuk aku ? Aduh terima kasih.

10. Terima kasih banyak.
    Sama-sama. / Kembali.

11. Minta maaf, Bu, Saya terlambat.
    Oh, tidak apa-apa.

12. Maaf, Ibu orang Indonesia ?
    Bukan, saya orang Malaysia.

13. Maaf numpang tanya, Mbak. Di mana jalan Sudirman ?
    Oh, terus saja dari sini. Lalu belok kiri di perempatan jalan itu. Itulah jalan Sudirman.

14. Jam berapa sekarang ?
    Sekarang jam 9 (sembilan).

15. Boleh pinjam teleponnya ?
    Ya, silakan.

16. Boleh merokok ?
    Maaf, tidak boleh.

17. Yani, mau makan apa ?
    Saya mau makan mie goreng.

18. Sudah mandi ?
    Belum.

19. Tolong ambil koran itu.
    Ya, ini.

20. Permisi Bu, mau ke belakang.
    Ya, di sini.

コラム④ 時間・数字の表し方

〈時間〉

時間をたずねるときは
Jam berapa ?　何時ですか？　または　Pukul berapa ?　何時ですか？
と言います。pukul は主に文章で書くときに使われます。

答えるときは
Jam 〜 .　　　Jam setengah 〜 .　　　Jam 〜 lewat 〜 menit.　　と言います。

(例)
Jam berapa ?
　Jam 5．(5:00)　　Jam setengah 6．(5:30)　　Jam 3 lewat 10 menit．(3:10)
また 9：55 は　Jam 10 kurang 5 menit．　と言います。
8：15 は Jam 8 lewat seperempat. と言うこともできます (7課でもふれています)。

〈数　字〉

●数 (bilangan)

0	nol / kosong	11	sebelas	
1	satu	12	duabelas	
2	dua	13	tigabelas	
3	tiga	14	empatbelas	
4	empat	15	limabelas	
5	lima	16	enambelas	
6	enam	17	tujuhbelas	
7	tujuh	18	delapanbelas	
8	delapan	19	sembilanbelas	
9	sembilan	20	duapuluh	
10	sepuluh	21	duapuluh satu	

35	tigapuluh lima
99	sembilanpuluh sembilan
100	seratus
101	seratus satu
111	seratus sebelas
200	dua ratus
1,000	seribu
10,000	sepuluh ribu
100,000	seratus ribu
1,000,000	sejuta / satu juta
10,000,000	sepuluh juta
100,000,000	seratus juta
1,000,000,000	satu milyar
1,000,000,000,000	satu trilyun

●分　数

$\frac{1}{2}$	seperdua / setengah
$\frac{1}{4}$	seperempat
$2\frac{3}{4}$	dua, tiga per empat

●小　数

5.3	lima koma tiga
7.85	tujuh koma delapan lima
23.01	duapuluh tiga koma kosong satu

「, 」koma　　コンマ
「. 」titik　　　点

インドネシア語ではコンマと小数点の
使い方が日本語と反対になります。

●序　数

第1の	pertama
第2の	(yang) kedua
第3の	(yang) ketiga
第4の	(yang) keempat
⋮	
第11の	(yang) kesebelas
最後の	(yang) terakhir

海外旅行で役に立つ場面別

II. 旅行会話

Pelajaran 13 機内にて	**Pelajaran 21** 道をたずねる
Pelajaran 14 入　国	**Pelajaran 22** 薬局にて
Pelajaran 15 タクシーに乗る	**Pelajaran 23** 電　話
Pelajaran 16 ホテルにて	**Pelajaran 24** ワルテルにて
Pelajaran 17 観光案内所にて	**Pelajaran 25** 郵便局にて
Pelajaran 18 鉄　道	**Pelajaran 26** フライト予約の確認
Pelajaran 19 レストランにて	**Pelajaran 27** 空港ロビーでの会話
Pelajaran 20 ショッピング	**Pelajaran 28** 搭乗手続き

Pelajaran 13
機内にて

インドネシアへ向かう飛行機に乗ってすぐの、乗客とスチュワーデスの会話です。

▶ **Selamat siang, Pak.**
スラマッ（ト）　スィアン　パッ（ク）
こんにちは。

▶ **Oh, di belakang. Sebelah kiri, Pak.**
オー　ディ　ブラカン　　　スゥブラー　キリ　パッ（ク）
あぁ、後ろです。左側になります。

▶ **Mau makan apa?　Daging atau ikan?**
マウ　マカン　アパ　　　ダギン　アタウ　イカン
何を召し上がりますか？　肉ですか、魚ですか？

解説

　機内での会話は簡単な質問の受け答えが主です。
　相手の質問をよく聞いて「〜」と単語だけ答えてもかまいませんし、「〜してください」（tolong 〜、minta 〜）などを使って答えてもよいでしょう。
＜例＞
　Tolong bawa selimut.
　（毛布を持って来てください。）

語句の説明

di mana：どこに／どこで
belakang：後ろ／裏
sebelah：側／横
kiri：左
daging：肉
ikan：魚

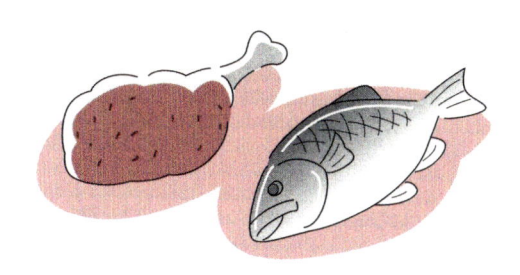

◀ **Selamat siang. Di mana nomor ini, Mbak?**
スラマッ（ト）　スィアン　ディ　マナ　ノモル　イニ　ンバッ（ク）
こんにちは。この席はどこですか？

◀ **Terima kasih, Mbak.**
トゥリマ　カスィ　ンバッ（ク）
どうもありがとう。

あきら

◀ **Saya mau ikan.**
サヤ　マウ　イカン
魚をください。

Minta air minum.
（水をください。）

インドネシアの航空会社は Garuda Indonesian Airways、Merpati、Lion Air、Sriwijaya Air、Express Air、Batik Air などがあります。
　Garuda は主に外国線、その他は国内線です。

Pelajaran 13　機内にて

よく使われる表現

この席はどこですか？ （このナンバーはどこですか）	**Di mana nomor ini ?** ディ　マナ　ノモル　イニ
後ろ／前／真ん中です。	**Di belakang / di depan /** ディ　ブラカン　／ディ　ドゥパン／ **di tengah.** ディ　テェ(ン)ガ
窓の近くです。	**Dekat jendela.** ドゥカッ(ト)　ジュンデラ
シートベルトを締めてください。	**Pasang sabuk pengaman.** パサン　サブッ(ク)　ブ(ン)ガマン
シートベルトをしっかりと締めてください。	**Kencangkan sabuk pengaman.** クンチャ(ン)カン　サブッ(ク)　ブ(ン)ガマン
何を召し上がりますか？	**Makan apa Pak / Bu ?** マカン　アパ　パッ(ク)／ブウ
何を飲みますか？	**Minum apa Mas / Mbak ?** ミヌム　アパ　マス／ンバッ(ク)
毛布をください。	**Minta selimut, Mbak.** ミンタ　スリムッ(ト)　ンバッ(ク)

Mau makan apa ?
Daging atau ikan ?

Saya mau ikan.

解答
1. Selamat, siang　2. Di, mana　3. di, belakang, kiri　4. Terima, kasih
5. makan, Daging, ikan　6. mau, ikan

その他の単語

飛行機　pesawat terbang	乗客　penumpang
パイロット　pilot	スチュワーデス　pramugari
座席　tempat duduk	安全ベルト　sabuk pengaman
空港　bandara / pelabuhan udara	乗り継ぎ　transit
航空券　karcis pesawat terbang	毛布　selimut
枕　bantal	食事　makanan
牛肉　daging sapi	とり肉　daging ayam
魚　ikan	飲みもの　minuman
コーヒー　kopi	紅茶　teh
緑茶　teh hijau / teh Jepang	オレンジジュース　jus jeruk
ビール　bir	ワイン　anggur
ウイスキー　wiski	

練習　復習しながら話してみよう

A71 ●基本会話の練習をしましょう！

A72 ●下線部に適当な単語を入れて、会話を完成させてください。
（CDを聞いて確認しましょう。）

1. _____ _____ , Pak.　　　　　　　こんにちは。
2. Selamat siang. _____ _____　　　こんにちは。この席はどこですか？
   nomor ini, Mbak ?
3. Oh, _____ _____ . Sebelah _____ ,　あぁ、後ろです。左側になります。
   Pak.
4. _____ _____ , Mbak.　　　　　　どうもありがとう。
5. Mau _____ apa ?　　　　　　　　何を召し上がりますか？
   _____ atau _____ ?　　　　　　肉ですか、魚ですか？
6. Saya _____ _____ .　　　　　　　魚をください。

Pelajaran 13　　機内にて

Pelajaran 14
入　国

さぁ、いよいよインドネシア国内に入りました。簡単な受け答えからスタートです。

▶ **Paspor, Pak.**
　パスポル　　パッ（ク）
パスポートを見せてください。

▶ **Apa tujuan Anda ke sini ?**
　アパ　トゥジュアン　アンダ　ク　スィニ
こちらへは何の目的ですか？

空港職員

▶ **Berapa lama akan berada di sini ?**
　ブラパ　　ラマ　　アカン　ブルアダ　ディ　スィニ
こちらには何日滞在しますか？

解説

　ここでの会話は簡単に短くすませます。文章の最後の Pak / Bu は英語の Sir / Madam と同様に相手に敬意を払う意味で使います。よりていねいな表現になります。

　"Paspor, Pak" は英語の "Passport, Please" と同じです。ここでは silakan を使わず、"Paspor, Pak" とだけ言います。そのほうが自然な言い方です。

　空港などでは、"Mana paspornya ?"「パスポートは？」とよく聞かれます。素早く対応しましょう。

Ⅱ 旅行会話　　82　　第14課

語句の説明

paspor：パスポート
tujuan：目的
wisata：観光
lama：（時間が）長い
berapa lama：どのくらい（時間が）長く
hari：日
kunjungan：訪問（kunjung：訪れる）

◀ **Ini, Bu.**
　イニ　　ブゥ
はい、これです。

◀ **Wisata, Bu.**
　ウィサタ　　ブゥ
観光です。

あきら

◀ **10 (sepuluh) hari, Bu.**
　　　スプゥルゥ　　ハリ　　ブゥ
10日間です。

一言メモ

　インドネシアは南国ですが、空港やホテルの中は冷房がかなりきいていて寒いくらいです。上に羽織る上着を持って行くことをお勧めします。
　また、街を歩く時は排気ガスでのどがいがらっぽくなるので、のど飴も必要です。ヴィックスドロップなどの医薬品はありますが、日本ののど飴のようなものはありません。

よく使われる表現

パスポートを見せてくれます（くださいます）か？	**Mana paspornya ?** マナ　　　パスポルニャ
訪問の目的は何ですか？	**Apa tujuan kunjungan Anda ?** アパ　トゥジュアン　クンジュ（ン）ガン　アンダ
仕事のためです。	**Untuk bekerja.** ウントゥッ（ク）　ブクルジャ
インドネシア語を勉強するためです。	**Untuk belajar bahasa Indonesia.** ウントゥッ（ク）　ブラジャル　バハサ　インドネシア
どこに滞在しますか？	**Di mana Anda menginap ?** ティ　マナ　アンダ　ム（ン）ギナップ
ホテルに。	**Di hotel.** ティ　ホテル
友人の家に。	**Di rumah teman.** ティ　ルマー　トゥマン
ロスメンに。	**Di losmen.** ティ　ロスメン

※ロスメン　簡易宿泊所

— Di mana Anda menginap ?
— Di losmen.

Ⅱ 旅行会話　　84　　第14課

その他の単語

パスポート　pasport	ビザ　visa
許可証　surat izin	旅行目的　tujuan perjalanan
出入国管理事務所　kantor imigrasi	税関　pabean
税　pajak / bea	空港税　pajak pelabuhan udara
免税　bebas pajak	土産物　souvenir / tanda mata
手荷物　bagasi	スーツケース　kopor
住所　tempat tinggal	氏名　nama lengkap
性別　jenis kelamin	
国籍　kewarganegaraan	
職業　pekerjaan	
生年月日　tanggal kelahiran	
署名　tandatangan	
観光　pariwisata	

練習　復習しながら 話してみよう

●基本会話の練習をしましょう！

●下線部に適当な単語を入れて、会話を完成させてください。
（ＣＤを聞いて確認しましょう。数字もインドネシア語で書きましょう。）

1. _____ , Pak.　　　　　　　　　　　　パスポートを見せてください。
2. Ini,_____ .　　　　　　　　　　　　はい、これです。
3. Apa _____ Anda ke _____ ?　　　　こちらへは何の目的ですか？
4. _____ , Pak.　　　　　　　　　　　　観光です。
5. _____ _____ akan berada di sini ?　こちらには何日滞在しますか？
6. _____ _____ , Pak.　　　　　　　　10日間です。

解答　1. Paspor　2. Pak　3. tujuan, sini　4. Wisata　5. Berapa, lama
　　　6. Sepuluh, hari

Pelajaran 14　　入国

Pelajaran 15
タクシーに乗る

街の中の移動はバスよりもタクシーのほうが便利でしょう。「どこまで行く」「いくらなのか」の言い方ぐらいは覚えておきましょう。

▶ **Ke hotel Santika, Mas.**
　　ク　　ホテル　　サンティカ　　マス
サンティカホテルまで行ってください。

▶ **Berapa ongkosnya ?**
　　ブラパ　　　オンコスニャ
いくらですか？

ゆうこ

▶ **Ini uang Rp.20.000 (duapuluh ribu**
　　イニ　ウワン　　　　　　　　　ドゥアプゥルゥ　リブゥ
rupiah) . Kembalinya buat Mas.
　ルピアー　　　　クンバリニャ　　ブアッ（ト）　マス
20,000 ルピアです。おつりはとっておいて。

解説

　インドネシアでタクシーに乗る場合は白タクに乗らないように気をつけてください。
　通常はホテルの前に止まっているタクシーに、値段の交渉をしてから利用します。メーターの付いているものとそうでないものがあります。
　タクシーに乗った後で、故意にメーターを動かさない場合（料金をごまかすためです）がありますが、その時はきちんと動かすよう

語句の説明

sampai：着く　　ongkos：料金
uang：お金　　kembalinya：おつり

＜1円＝約80ルピア＞
- タクシー料金（初乗り）／6,000ルピア（時間と距離で加算される。）
- 砂糖の値段（1kg）／13,000ルピア
- 米の値段（1kg）／8,000～12,000ルピア
- 公務員（高卒程度の初任給）／3,000,000ルピア
- 会社員（民間の初任給）／5,000,000ルピア

◀ **Sudah sampai , Bu.**
　スダ　　　サンパイ　　ブゥ
着きました。

◀ **Rp.15.000 (limabelas ribu rupiah).**
　　　　　　　　リマブラス　　　リブゥ　　　ルピアー
15,000ルピアです。

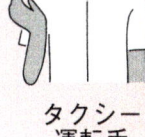

タクシー運転手

◀ **Terima kasih, Bu.**
　トゥリマ　　カスィ　　ブゥ
ありがとうございます。

に伝えましょう。
　事前にだいたいの料金をホテルの人にたずねるのがよいでしょう。行き先はただ Ke ～ と言えばよいでしょう。そして Berapa ongkosnya？とたずねてお金を払います。
　インドネシアのタクシーは自動ドアではありませんのでご注意を。

よく使われる表現

ホテル インドネシアまで行ってください。	Ke hotel Indonesia, Pak. ク　ホテル　インドネシア　パッ（ク）
バスはどこで乗れますか？	Di mana bisa naik bis, Pak ? ディ　マナ　ビサ　ナイッ（ク）　ビス　パッ（ク）
リムジンバスはどこですか？	Di mana bis limousine ? ディ　マナ　ビス　リムズィン
その信号で降ろしてください。	Turunkan di lampu merah itu. トゥルンカン　ディ　ランプゥ　メラー　イトゥ
ここで止まってください。	Berhenti di sini, Pak. ブルヘンティ　ディ　スィニ　パッ（ク）
真っすぐ行ってください。	Jalan terus lagi, Pak. ジャラン　トゥルウス　ラギ　パッ（ク）
いくらですか？	Berapa ongkosnya ? ブラパ　オンコスニャ
おつりです。	Ini kembalinya. イニ　クンバリニャ
メーターを動かしてください。	Pasang argonya. パサン　アルゴニャ

Berapa ongkosnya ?

Rp.15.000
(limabelas ribu rupiah).

その他の単語

タクシー	taksi	自動車	mobil
オートバイ	sepeda motor	自転車	sepeda
ベチャ	becak	バジャイ	bajaj
ベモ	bemo	ヘリチャ	helicak
バス	bis	市バス	bis kota
トラック	truk	運転手	sopir
通り	jalan		
横断歩道	penyeberangan		
ガソリン	bensin		
信号	lampu sinyal / lampu merah		
高速道路	jalan tol		
ガソリンスタンド	pompa bensin		

練習 復習しながら話してみよう

A 79 ●基本会話の練習をしましょう！

A 80 ●下線部に適当な単語を入れて、会話を完成させてください。
（CDを聞いて確認しましょう。数字もインドネシア語で書きましょう。）

1. Ke _____ _____ , Mas.　　　　サンティカホテルまで行ってください。
2. _____ _____ , Bu.　　　　　　着きました。
3. Berapa _____ ?　　　　　　　　いくらですか？
4. Rp._____ _____ .　　　　　　 15,000ルピアです。
5. _____ _____ Rp.20.000.　　　20,000ルピアです。
6. _____ buat Mas.　　　　　　　おつりはとっておいて。

解答
1. hotel, Santika　　2. Sudah, sampai　　3. ongkosnya　　4. limabelas, ribu
5. Ini, uang　　6. Kembalinya

Pelajaran 15　　タクシーに乗る

Pelajaran 16
ホテルにて

インドネシアでホテルに泊まるときは事前に予約はしておいたほうがよいでしょう。ホテルの種類もいろいろです。エアコンの付いてないホテルや部屋にお風呂のないところもあります。

▶ **Selamat sore, Pak.**
スラマッ（ト）　ソレ　パッ（ク）
こんにちは。

▶ **Siapa namanya, Pak ?**
スィアパ　ナマニャ　パッ（ク）
お名前は？

ホテル従業員

▶ **Tunggu sebentar, Pak. O, ya, kamar nomor 7 5 8. Ini kuncinya.**
トゥングゥ　スブンタル　パッ（ク）　オー　ヤァ　カマル　ノモル
トゥジュ　リマ　ドゥラパン　イニ　クンチーニャ
少々お待ちください。あぁ、はい、お部屋は758号室です。鍵です。

解説

料金という言い方には次の3つがあります。
　ongkos　　費用
　tarif　　　料金／料金表
　harga　　値段／価格
を意味します。
　また、泊まる／宿泊するという言い方には menginap や bermalam（夜を持つ／夜を過ごす）というのがあります。

語句の説明

hotel：ホテル
menginap（inap）：泊まる
pesan：予約／オーダー
kamar：部屋
semalam：一晩（se- ＋ malam で se- は satu（いち）の意味）
tunggu：待つ
tunggu sebentar：少し待ってください
kunci：鍵

◀ **Selamat sore. Saya sudah pesan kamar.**
スラマッ（ト）　ソレ　サヤ　スゥダ　プサン　カマル
こんにちは。部屋を予約していますが。

◀ **Akira Yamamoto.**
アキラ　ヤマモト
山本あきらです。

あきら

◀ **Terima kasih.**
トゥリマ　カスィ
どうもありがとう。

　ホテルの宿泊料金はインドネシア人、外国人、インドネシアに住む外国人と、国籍や人種によって異なります。特に観光や仕事で来る日本人の料金は最も高く設定されています。日本人は皆お金持ちにみえるのでしょうか。
　また、ロスメンやウィスマと呼ばれる安く泊まれる宿泊所は世界中からバックパッカーたちが集まって来ます。日本の若者たちも多く宿泊しています。

よく使われる表現

部屋は予約していますか？	Sudah pesan kamar ? スゥダ　プサン　カマル
私は二晩泊まりたいのですが。	Saya mau menginap 2 (dua) malam. サヤ　マウ　ムギ(ン)ギナッ(プ)　ドゥア　マラム
部屋は空いていますか？	Ada kamar kosong ? アダ　カマル　コソン
ここに泊まれますか？	Bisa menginap di sini ? ビサ　ムギ(ン)ギナッ(プ)　ディ　シニ
一晩いくらですか？	Berapa tarifnya semalam ? ブラパ　タリフニャ　スマラム
朝食付きで120,000ルピアです。	Rp.120.000 (seratus duapuluh ribu rupiah) termasuk makan pagi. スラトゥス　ドゥアプゥルゥ　リブゥ　ルピアー　トゥルマスッ(ク)　マカン　パギ
部屋にエアコンは付いていますか？	Kamarnya pakai A.C ? カマルニャ　パカイ　アーセー

Berapa tarifnya semalam ?

Rp.120.000 (seratus duapuluh ribu rupiah) termasuk makan pagi.

その他の単語

ホテル　hotel
バスルーム　kamar mandi
階段　tangga
〜階　tingkat 〜
ロビー　lobi
チェックイン　check-in
荷物　bagasi
ポーター　porter
バー　bar
レストラン　restoran / ruangan makan

部屋　kamar
エレベーター　lift
鍵　kunci
フロント　resepsi
ルームサービス　pelayanan kamar
チェックアウト　check-out
ボーイ　pelayan
会計　kasir

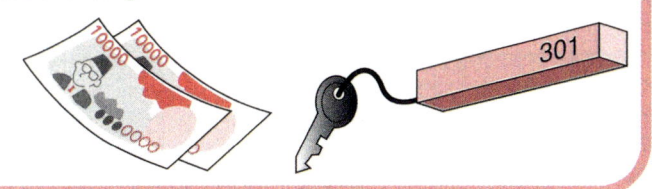

練習　復習しながら話してみよう

A83 ●基本会話の練習をしましょう！

A84 ●下線部に適当な単語を入れて、会話を完成させてください。
（CDを聞いて確認しましょう。）

1. Saya ＿＿＿＿ ＿＿＿＿ ＿＿＿＿ .　　　部屋を予約しています。
2. ＿＿＿＿ ＿＿＿＿ , Pak ?　　　お名前は？
3. ＿＿＿＿ ＿＿＿＿ .　　　少しお待ちください。
4. ＿＿＿＿ ＿＿＿＿ 758.　　　お部屋は758号室です。
5. ＿＿＿＿ ＿＿＿＿ .　　　これが鍵です。

解答
1. sudah, pesan, kamar　　2. Siapa, namanya　　3. Tunggu, sebentar
4. Kamar, nomor　　5. Ini, kuncinya

Pelajaran 16　　ホテルにて

チェックタイム ④

● 第13課から第16課の復習です。

Ⅰ. 次の文をインドネシア語に訳してください。

1. こんにちは。この席はどこですか？
2. あぁ、後ろです。左側です。
3. シートベルトを締めてください。
4. 何を召し上がりますか？
5. 魚をください。
6. 毛布をください。

Ⅱ. 次の文を日本語に訳してください。

1. Paspor, Pak.
2. Apa tujuan Anda ke sini ?
3. Untuk belajar, Pak.
4. Berapa lama Anda berada di Indonesia ?
5. 2 tahun.

Ⅲ. 下線部に適当な単語を入れてください。

1. _____ _____ Santika, Mas.
2. _____ _____ , Bu.
3. Berapa _____ ?
4. _____ _____ Rp.20.000.
5. Ini _____ .

解答

Ⅰ　1. Selamat siang.　Di mana nomor ini, Mbak ?
　　2. Oh, di belakang.　Sebelah kiri, Pak.
　　3. Pasang sabuk pengaman.　　4. Makan apa, Pak ?
　　5. Saya mau ikan.　　6. Minta selimut, Mbak.

Ⅱ　1. パスポートを見せてください。　2. こちらへは何の目的できましたか？
　　3. 勉強のためです。　　4. インドネシアにはどのくらい滞在しますか？
　　5. 2年です。

Ⅲ　1. Ke, hotel　　2. Sudah, sampai　　3. ongkosnya
　　4. Ini, uangnya　　5. kembalinya

コラム⑤
食べ物

●インドネシア料理（masakan Indonesia）

ナシゴレン	nasi goreng	油で揚げる	goreng
ミーゴレン	mie goreng	炒める	tumis
ガドガド	gado-gado	焼く	bakar
サテ	sate	煮る	masak
ピサンゴレン	pisang goreng	ゆでる	rebus
ごはん	nasi		
パン	roti		
おかゆ	bubur		

●野菜（sayur-sayuran）

じゃがいも	kentang	きゅうり	ketimun
人参	wortel	なす	terong
キャベツ	kol	ねぎ	bawang
大根	lobak	玉ねぎ	bawang bombai
とうもろこし	jagung	もやし	toge
トマト	tomat	いんげん	buncis

●果物（buah-buahan）

ドリアン	durian	すいか	semangka
パパイヤ	pepaya	りんご	apel
バナナ	pisang	みかん	jeruk
マンゴスチン	manggis	いちご	arbei
マンゴー	mangga	ジャックフルーツ	nangka
ランブータン	rambutan	サラック	salak

Pelajaran 17
観光案内所にて

行きたい場所へ行くためには、観光案内所へ行って聞くのがよいでしょう。街の地図や観光地のパンフレットなども手に入ります。英語でも通じますが、やはりインドネシア語で会話練習をしましょう。

▶ **Maaf, minta peta daerah sini.**
　マアーフ　　ミンタ　　プタ　　ダエラー　　スィニ
すみません、この辺の地図をください。

▶ **Terima kasih. Ada daftar nama restoran ?**
　トゥリマ　　カスィ　　アダ　ダフタル　　ナマ　　レストラン
ありがとう。レストランのリストはありますか？

あきら

▶ **Ada restoran baik sekitar sini ?**
　アダ　　レストラン　　バイッ（ク）　スキタル　　スィニ
この辺りによいレストランはありますか？

解説　インドネシア語にもたくさんの外来語があります。ホテル、タクシー、レストランなどです。
　言葉は同じですが、発音はインドネシア語のアルファベットに沿っているので、rやvの発音に注意してください。
　市内は歩いてまわるのが一番ですが、遠くへ行く場合はバスターミナルからバスに乗ったり、ヘリチャ（2〜3人乗り）やベモ（乗り合いバス）に乗ってみるのもよいでしょう。

語句の説明

peta：地図
daerah：地域／地方
daftar：表／リスト
restoran：レストラン
meja：机／テーブル
kaunter：カウンター
sekitar sini：この辺り
depan：前　　sana：そこ

◀ **Ya, ini.**
ヤァ　イニ
はい、これです。

◀ **Ya, di atas meja / kaunter.**
ヤァ　ディ　アタス　メジャ　／　カウンター
はい、机／カウンターの上にあります。

観光案内所職員

◀ **Ya, di depan sana.**
ヤァ　ディ　ドゥパン　サナ
はい、その前にあります。

　ただし、多少なりともインドネシア語で話すことができないと、英語ではなかなか通じないことが多いようです。
　歩くときは日射病に注意してください。南国の日射しは思った以上に強く、インドネシア人は暑い日中あまり歩きまわることはしません。日中歩いているのは旅行者がほとんどと言っても過言ではないでしょう。

よく使われる表現

案内所はどこにありますか？ **Di mana bagian penerangan ?**
ディ　マナ　バギアン　プヌラ（ン）ガン

ホテルのリストはありますか？ **Ada daftar nama-nama hotel ?**
アダ　ダフタル　ナマ　ナマ　ホテル

この近くにレストランはありますか？ **Ada restoran dekat sini ?**
アダ　レストラン　ドゥカッ（ト）　スィニ

タクシーに乗ったほうがいいでしょう。 **Lebih baik naik taksi.**
ルビィー　バイッ（ク）　ナイッ（ク）　タクスィ

文法 ── 最上級・比較級

<最上級> Tini paling kecil dalam keluarganya.
ティニは家族の中で一番小さいです。
Budi terpandai di kelas.
ブディはクラスで最も賢いです。

A paling ＋ 形容詞　または　ter- 形容詞

<比較級> Saya lebih tinggi daripada kakak perempuan.
私は姉よりも背が高いです。

A lebih ＋ 形容詞 ＋ daripada B

<同等の比較> Suami saya sama tua dengan kakak laki-laki.
または、Suami saya setua kakak laki-laki.
私の夫は兄と同じ年です。

A sama ＋ 形容詞 ＋ dengan B　または　A se -形容詞 B

その他の単語

案内所　bagian penerangan	観光局　biro pariwisata
バスターミナル　terminal bis	観光客　turis
ガイド　pemandu	通訳　penerjemah
パンフレット　brosur	

練習　復習しながら話してみよう

●基本会話の練習をしましょう！

●下線部に適当な単語を入れて、会話を完成させてください。
（CDを聞いて確認しましょう。）

1. _____ _____ daerah sini.　　　　この辺の地図をください。
2. _____ , _____ .　　　　　　　　はい、これです。
3. Terima kasih. _____ _____ nama restoran ?　　レストランのリストはありますか？
4. Ya, _____ _____ _____ .　　　はい、カウンターの上にあります。
5. _____ restoran _____ dekat sini ?　　この近くによいレストランはありますか？
6. Ya, _____ _____ sana.　　　　　はい、その前にあります。

解答
1．Minta, peta　2．Ya, ini　3．Ada, daftar　4．di, atas, kaunter
5．Ada, baik　6．di, depan

Pelajaran 18
鉄　道

インドネシアでは日本のように鉄道はあまり発達していません。ジャワ島とスマトラ島、そしてマドゥラ島にしかありません。乗るチャンスに恵まれたら、ぜひ試してみてください。

B 05

▶ **Minta satu tiket kereta ke Surabaya.**
　　ミンタ　サトゥ　ティケッ(ト)　クレタ　ク　スラバヤ
スラバヤ行きのキップを1枚ください。

あきら

▶ **Ya, Agro Bromo. Berapa harga tiketnya ?**
　ヤァ　アグロ　ブロモ　　ブラパ　　ハルガ　ティケッ(ト)ニャ
アグロ ブロモです。キップはいくらですか？

▶ **Ini uangnya.**
　イニ　　ウワンニャ
はい、お金です。

解説

　列車で国内を旅行する場合、キップは旅行社で頼むのがもっともよいのですが、駅で直接買う場合は、行き先を確かめて等級を告げるのがよいでしょう。

　確実に乗るためには事前に購入しておきましょう。とくに優等列車の場合は席が限られています。

　列車はPT.KAI（Kereta Api Indonesia）が運営しており、列車の名前は他にMutiaraなどがあります。

Ⅱ 旅行会話　　第18課

語句の説明

tiket：キップ
kereta：汽車／列車
api：火
kereta api：汽車
Agro Bromo：ジャカルタースラバヤ間を 8 時間半で結ぶ特急列車
berapa harga：いくらですか
makan waktu：時間がかかる（時間を食う／時間を費やす）
Sembrani：スラバヤージャカルタ間を結ぶ特急列車

◀ **Dengan Agro Bromo, ya ?**
ドゥ（ン）ガン　アグロ　ブロモ　ヤァ
アグロ ブロモですね？

◀ **Rp.200.000 (dua ratus ribu rupiah).**
　　　　　　　ドゥア　ラトゥス　リブゥ　ルピアー
200,000 ルピアです。

窓口の人

◀ **Ini tiketnya.**
イニ　ティケッ（ト）ニャ
はい、キップです。

　インドネシアの鉄道は、日本のようには発展していません。列車の本数も限られています。
　列車はだいたい時間どおりに出発します。遠くへ行く人は列車を利用しますが、料金の点ではバスのほうが安いので、利用者はバスのほうが多いでしょう。

よく使われる表現

スラバヤ行きのキップを1枚ください。	**Minta tiket ke Surabaya, satu.** ミンタ ティケッ(ト) ク スラバヤ サトゥ
すみませんが、ジョクジャカルタ行きのキップはいくらですか？	**Maaf, berapa harga tiket ke Yogyakarta ?** マアフ ブラパ ハルガ ティケッ(ト) ク ヨグヤカルタ

※ Yogyakarta 昔の呼びかた。現在は、若い人だとスペルに関係なくジョクジャカルタと発音する場合もあります。

アグロ ブロモですか、スンブラニですか？	**Agro Bromo atau Sembrani ?** アグロ ブロモ アタウ スンブラニ
アグロ ブロモでどのくらい時間がかかりますか？	**Makan waktu berapa lama dengan Agro Bromo ?** マカン ワゥクトゥ ブラパ ラマ ドゥ(ン)ガン アグロ ブロモ
スンブラニのキップを2枚頼みたいのですが。	**Mau pesan tiket Sembrani, dua.** マウ プサン ティケッ(ト) スンブラニ ドゥア

- Berapa harga tiketnya ?
- Rp.200.000 (dua ratus ribu rupiah).

その他の単語

駅	stasiun	ホーム	peron
待合室	ruangan tunggu	改札	pemeriksaan karcis
ダイヤ	jadwal	キップ	karcis / tiket
往復キップ	karcis pulang pergi	片道キップ	karcis satu jalan
車両	kereta	レール	rel
車掌	kondektur	トンネル	terowongan
踏切	penyeberangan kereta api	鉄橋	jembatan kereta api
駅長	kepala stasiun		

> Minta tiket ke Surabaya, satu

練習 復習しながら 話してみよう

B07 ●基本会話の練習をしましょう！

B08 ●下線部に適当な単語を入れて、会話を完成させてください。
（CDを聞いて確認しましょう。）

1. Minta _____ _____ ke Surabaya satu.　　スラバヤ行きのキップを1枚ください。
2. _____ Agro Bromo, _____ ?　　アグロ ブロモですね。
3. _____ _____ tiketnya ?　　キップはいくらですか？
4. _____ _____ .　　はい、お金です。

解答　1. tiket, kereta　　2. Dengan, ya　　3. Berapa, harga　　4. Ini, uangnya

Pelajaran 18　　鉄道

Pelajaran 19
レストランにて

インドネシアのレストランはエアコンのきいた快適な場所です。注文も支払いも席に着いたまま行います。スマートに行動したいものです。

B 09

▶ **Silakan masuk. Berapa orang ?**
　スィラカン　　マスッ（ク）　　ブラパ　　オラン
どうぞお入りください。何名様ですか？

ウェイター

▶ **Mau pesan apa, Bu ?**
　マウ　　プサン　アパ　ブゥ
何にしますか？

▶ **Ada macam-macam, Bu. Mie goreng, sate,**
　アダ　マチャム　マチャム　ブゥ　ミー　ゴレン　サテ
soto ayam, semuanya enak.
　ソト　アヤム　スムアニャ　エナッ（ク）
いろいろあります。ミーゴレン、サテ、ソトアヤム、すべてが美味しいです。

解説

　インドネシアでは、飲食店のランクによって呼び名が違います。
① 大きな店でエアコンがきいていてウェイターやウェイトレスがいるような店は restoran（レストラン）、
② 庶民的な雰囲気で扇風機がまわっているような店は rumah makan（食堂）、
③ 軽食が食べられる小さい店は kios、warung（屋台）、
④ また、移動式の屋台は kaki lima（人が引いて、足が5本あるよ

語句の説明

masuk：入る
enak：美味しい／楽しい
macam：種類
macam-macam：いろいろな
semua：すべて
semuanya：そのすべてが
pesan：注文する

◀ **3 (tiga) orang.**
　ティガ　　　オラン
3人です。

◀ **Apa yang enak di sini ?**
　アパ　ヤン　エナッ(ク)　ディ　スィニ
ここでは何が美味しいですか？

ゆうこ

◀ **Baik, kami pesan mie goreng.**
　バイッ(ク)　カミ　プサン　ミー　ゴレン
じゃ、ミーゴレンを注文します。

うに見えるので）
と言います。
　同じ料理でも、こうした店のランクによって値段が違うので、予算に応じて使い分けるのがよいでしょう。
　ただし、レストラン以外では注文の仕方や支払い方法がそれぞれ異なるので注意が必要です。

Pelajaran 19　　レストランにて

よく使われる表現

予約してありますか？ **Sudah pesan tempatnya ?**
スゥダー プサン トゥンパッ（ト）ニャ

いいえ、まだです、 **Belum, kami mau pesan**
予約したいのですが。 ブル（ム） カミ マウ プサン
sekarang.
スカラン

何名様ですか？ **Berapa orang ?**
ブラパ オラン

パーティーですか？ **Untuk pesta ?**
ウントゥッ（ク） ペスタ

忘年会ですか？ **Untuk bonenkai ?**
ウントゥッ（ク） ボーネンカイ

新年会ですか？ **Untuk shinnenkai ?**
ウントゥッ（ク） シンネンカイ

メニューを見せてください。 **Minta menunya.**
ミンタ メニューニャ

お勘定お願いします。 **Minta bonnya.**
ミンタ ボンニャ

領収書をください。 **Minta kwitansinya.**
ミンタ クウィタンスィニャ

Sudah pesan tempatnya ?

Belum, kami mau pesan sekarang.

その他の単語

メニュー	menu	皿	piring
コーヒー茶碗	cangkir	スプーン	sendok
フォーク	garpu	ナイフ	pisau
コップ	gelas	デザート	pencuci mulut
あたたかい食べ物	masakan hangat	飲み物	minuman
野菜	sayur-sayuran	果物	buah-buahan
菓子	kue	パン	roti
サンバル	sambal	唐辛子	cabe
にんにく	bawang putih	しょうが	jahe
しょうゆ	kecap	ソース	saus
砂糖	gula	塩	garam
こしょう	lada	バター	mentega
チーズ	keju		

練習 復習しながら 話してみよう

●基本会話の練習をしましょう！

●下線部に適当な単語を入れて、会話を完成させてください。
（ＣＤを聞いて確認しましょう。数字もインドネシア語で書きましょう。）

1. _____ _____ . Berapa _____ ? 　　どうぞお入りください。何名様ですか？
2. _____ _____ .　　3人です。
3. _____ _____ _____ , Bu ?　　何にしますか？
4. _____ _____ _____ di sini ?　　ここでは何が美味しいですか？
5. Ada _____ , Bu.　　いろいろあります。
6. _____ , kami _____ mie goreng.　　じゃ、ミーゴレンを注文します。

解答
1. Silakan, masuk, orang 　2. Tiga, orang 　3. Mau, pesan, apa
4. Apa, yang, enak 　5. macam-macam 　6. Baik, pesan

Pelajaran 20
ショッピング

旅先では買い物も楽しみのひとつです。インドネシアでは定価で買い物をするのはごく稀です。お店の人と会話を楽しみながら値引き交渉をしてみましょう。

店員

▶ **Boleh dibantu, Bu?**
ボレ　ディバントゥ　ブゥ
お手伝いしましょうか?

▶ **Ada Bu, macam-macam batik. Ibu pakai ukuran berapa?**
アダ　ブゥ　マチャム　マチャム　バティッ(ク)
イブゥ　パカイ　ウクラン　ブラパ
はい、あります。いろいろなバティックがありますが。サイズはいくつですか?

▶ **Di sini, Bu. Silakan dicoba.**
ディ　スィニ　ブゥ　スィラカン　ディチョバ
こちらにあります。どうぞ試してみてください。

▶ **Yang ini Rp.180.000 (seratus delapan puluh ribu rupiah).**
ヤン　イニ　　　　スラトゥス　ドゥラパン
プルゥ　リブゥ　ルピアー
これは180,000ルピアです。

▶ **Ya, bisa sedikit.**
ヤァ　ビサ　スディキッ(ト)
ええ、少しならば。

解説　インドネシアで買い物をするときはデパートやスーパーマーケットなどを除いては定価がありません。ですからお店は売り手と買い手のコミュニケーションの場となります。
　Boleh ditawar?（安くなりませんか）とか **Bisa kurang?**（安く

語句の説明

- bantu：助ける／手伝う（dibantu でよりていねいな言い方になります）
- cari：探す
- baju：服
- batik：バティック（ジャワ更紗）
- pakai：使う／着る／身につける（pakai sepatu：靴を履く）
- ukuran：サイズ（ukur：計る）
- coba：試す

◀ **Saya cari baju batik. Ada ?**
サヤ　チャリ　バジュ　バティッ（ク）　アダ
バティックの服を探しています。ありますか？

◀ **Ukuran M.**
ウクラン　エム
Mサイズです。

◀ **Berapa harga batik ini ?**
ブラパ　ハルガ　バティッ（ク）　イニ
このバティックはいくらですか？

ゆうこ

▶ **Bisa kurang ?**
ビサ　クゥラン
安くしてもらえますか？

▶ **Saya ambil ini.**
サヤ　アンビル　イニ
これをください。

してもらえませんか）はぜひ使ってみてください。
　また、Silakan dicoba.（どうぞ試してみてください）は Silakan coba.とも言えますが、di- を付けることによってよりていねいで、やわらかい表現になります。

よく使われる表現

お手伝いしましょうか？	**Boleh dibantu, Pak / Bu ?** ボレ　ディバントゥ　パッ（ク）／ブウ
何をお探しですか？	**Cari apa, Mas / Mbak ?** チャリ　アパ　マス　／ンバッ（ク）
ワイシャツを探しています。	**Ya, saya cari kemeja.** ヤァ　サヤ　チャリ　クメジャ
安くなりますか？	**Boleh ditawar ? / Boleh tawar ?** ボレ　ディタワル　／　ボレ　タワル
安くしてもらえますか？	**Bisa kurang ?** ビサ　クゥラン

文法 —— yang

1. 形容詞／副詞の強調
   <例>　rumah baru　　　新しい家
   　　　rumah yang baru　新しいほうの家
   　どちらも同じ意味ですが yang を使ったほうは新しいということをより強調しています。
2. 関係代名詞　　～するもの／～する人／～するところの
   <例>　Anak yang kecil itu, adik saya.
   　　　あの小さい子供は私の妹／弟です。
3. どちらの　　yang mana「どちら」
   <例>　Yang mana anda sukai, motor atau mobil ?
   　　　あなたはオートバイと車とどちらが好きですか？
   　　　Yang mana lebih sejuk, Bandung atau Malang ?
   　　　バンドンとマランではどちらが涼しいですか？

ワンポイント アドバイス

値段の交渉の際にはまず、言い値の1/2か1/3に値切ってみましょう。
外国人だと高くふっかけられるので、もし安くできないと言われたら "Tidak mau"（いらない、または欲しくない）と言って帰りかけると、"OK" という答えが返ってくることも少なくありません。かけひきを楽しんでみましょう。

関連単語

店	toko	洋服屋	toko baju
靴店	toko sepatu	宝石店	toko emas
薬局	apotik	商人	pedagang
顧客	langganan	定価	harga resmi
値引き	korting	レジ	kasir

練習 復習しながら 話してみよう

B15 ● 基本会話の練習をしましょう！

B16 ● 下線部に適当な単語を入れて、会話を完成させてください。
（CDを聞いて確認しましょう。）

1. _____ dibantu, Bu ? 　　　　　何かお探しですか？

2. Saya _____ _____ batik. Ada ? 　　バティックの服を探しています。ありますか？

3. Ada Bu, _____ batik. 　　　　　はい、あります。いろいろなバティックがありますが。

4. Ibu _____ _____ berapa ? 　　サイズはいくつですか？

5. _____ dicoba. 　　　　　　　どうぞ試してみてください。

6. _____ _____ batik ini ? 　　　このバティックはいくらですか？

解答　1. Boleh　2. cari, baju　3. macam-macam　4. pakai, ukuran
　　　　5. Silakan　6. Berapa, harga

チェックタイム ⑤

● 第17課から第20課の復習です。

I. 次の文をインドネシア語に訳してください。

1. すみません、この辺の地図をください。
2. レストランのリストはありますか？
3. スラバヤ行きのキップをください。
4. アグロ ブロモですか、スンブラニですか？
5. タクシーに乗ったほうがよいでしょう。

II. 次の文にインドネシア語で答えてください。

1. Berapa harga tiketnya ?
2. Silakan masuk. Berapa orang ?
3. Mau pesan apa, Bu ?
4. Ada restoran baik sekitar sini ?
5. Maaf numpang tanya, Pak. Di mana jalan Kuningan ?

III. 次の文を日本語に訳してください。

1. Minta tiket kereta ke Surabaya, satu.
2. Makan waktu berapa lama dengan Agro Bromo ?
3. Ada macam-macam, Bu.
4. Baik, kami pesan mie goreng.
5. Saya sudah pesan kamar.

解答

I 　1. Maaf, minta peta daerah sini.　2. Ada daftar nama restoran ?
　　3. Minta tiket ke Surabaya.　　　4. Dengan Agro Bromo atau Sembrani ?
　　5. Lebih baik naik taksi.

II 　1. Dua ratus ribu rupiah.　　　　2. Lima orang.
　　3. Apa yang enak di sini ?　　　　4. Ya, di depan sana.
　　5. Terus saja dari sini, belok kiri di lampu merah itu.

III 　1. スラバヤ行きのキップを1枚ください。
　　2. アグロ ブロモでどのくらい時間がかかりますか？
　　3. いろいろあります。　　　　4. じゃ、ミーゴレンを注文します。
　　5. 部屋を予約しています。

コラム⑥
買い物

洋服	baju / pakaian	宝石	permata
スーツ	baju setelan	ネックレス	kalung
ズボン	celana	イヤリング	anting-anting
ワイシャツ	kemeja	指輪	cincin
スカート	rok	ブレスレット	gelang
ブラウス	blus	ダイヤモンド	intan
靴	sepatu	真珠	mutiara
靴下	kaus kaki	金	mas / emas
手袋	sarung tangan	銀	perak
ネクタイ	dasi	絵画	lukisan
ベルト	ikat pinggang	木彫りの置物	patung
サンダル	sandal	扇子	kipas
メガネ	kacamata	財布	dompet
帽子	topi	お土産	ole-ole / cendera mata

Pelajaran 21
道をたずねる

ここでは自分の行きたい場所までの道をたずねます。右や左といった単語は必ずマスターしましょう。

ゆうこ

▶ **Maaf, numpang tanya, Pak. Di mana jalan Kuningan ?**
マアフ　ヌムパン　タニャ　パッ（ク）　ディ　マナ　ジャラン　クニ（ン）ガン

すみませんが、ちょっとおたずねします。クニンガン通りはどこですか？

▶ **Terima kasih, Pak.**
トゥリマ　カスィ　パッ（ク）

どうもありがとう。

▶ **Mau tanya lagi, Pak.**
マウ　タニャ　ラギ　パッ（ク）

Di mana hotel Sari Pasifik ?
ディ　マナ　ホテル　サリ　パシフィッ（ク）

もうひとつうかがいますが。ホテル サリパシフィックはどこですか？

解説

　インドネシアの通りの名前は人の名前、果物の名前、都市の名前などが付けられていてとても覚えやすく、ユニークなものも多いです。信号のある通りはいつも交通渋滞がおきていて、通りを横断するのはちょっと勇気がいります。地元の人について渡るのがよいでしょう。

　なぜ交通渋滞が起きるのかというと、公共の交通機関がバスやタクシーだけに限られてしまうので、保有台数が2～3台という家庭も珍しくありません。幹線道路も限られるため、脇道から幹線道路

語句の説明

numpang tanya：ちょっとおたずねしますが
jalan：道／通り（前にもでてきましたが、ここでは「〜通り」という意味で使います）
terus：真っすぐ
belok：曲がる
lalu：それから
lampu merah：信号
gedung：建物

◀ **Terus saja dari sini, lalu belok kiri di lampu merah itu.**
トゥルゥス サジャ ダリ スィニ ラルゥ ベロッ（ク） キリ ディ ランプゥ メラ イトゥ

ここを真っすぐ行って、それからその信号を左に曲がってください。

◀ **Sama-sama.**
サマ サマ

どういたしまして。

◀ **Oh, di belakang gedung itu.**
オー ディ ブラカン グドゥン イトゥ

あぁ、その建物の後ろです。

通行人

へ出てくる車も時間帯によってはあとを絶ちません。そのため先を急ぐ車がわずかな隙間をぬって入って来ます。そこで信号機の間隔が広く、歩道橋の数も少ないので、人はどうしても通りを渡ってしまうことになります。

　道をたずねると大勢の人が集まって来て、「ああだ」「こうだ」と教えてくれることがあります。インドネシアの人は、外国人と話をするのがとても好きです。外国語（主に英語、フランス語、日本語が多いようです）の勉強と思って気さくに話をしてくれます。

よく使われる表現

すみません、おたずねしますが、銀行はどこですか？	**Maaf, numpang tanya, Pak, di mana bank ?**
ここを真っすぐ、そして右に曲がってください。	**Jalan terus, lalu belok ke kanan.**
すみません、お聞きしますが、クラマット通りはどこですか？	**Permisi Pak, mau tanya. Di mana jalan Kramat ?**
道を真っすぐに行って、それから最初の角を左に曲がってください。	**Jalan lurus nanti belok ke kiri di belokan（tikungan）pertama.**
すみませんが、両替所はどこですか？	**Maaf, Mas. Di mana Money Changer ?**
それはグヌン アグン書店の隣にあります。	**Itu di sebelah toko buku "Gunung Agung"**

その他の単語

高層ビル　gedung bertingkat	銀行　bank
デパート　toko serba ada / toserba	スーパーマーケット　toko swalayan
本屋　toko buku	病院　rumah sakit
学校　sekolah	イスラム寺院　mesjid
教会　gereja	郵便局　kantor pos
映画館　bioskop	
東　timur	
西　barat	
南　selatan	
北　utara	

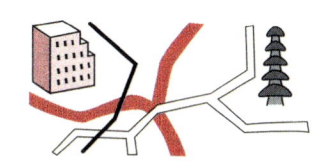

練習　復習しながら 話してみよう

●基本会話の練習をしましょう！

●下線部に適当な単語を入れて、会話を完成させてください。
（CDを聞いて確認しましょう。）

1. Maaf, _____ _____ , Pak.　　すみませんが、ちょっとおたずねします。

2. _____ _____ jalan Kuningan ?　　クニンガン通りはどこですか？

3. _____ saja _____ sini, _____ kiri di lampu merah itu.　　ここを真っすぐ行って、その赤信号を左に曲がってください。

4. _____ tanya _____ , Pak.　　もうひとつうかがいますが。

5. Di mana _____ Sari Pasifik ?　　ホテル サリパシフィックはどこですか？

6. Oh, di _____ _____ itu.　　あぁ、その建物の後ろです。

解答　1．numpang, tanya　2．Di, mana　3．Terus, dari, belok　4．Mau, lagi
　　　5．hotel　6．belakang, gedung

Pelajaran 22
薬局にて

旅先で病気になったときには、薬局に行って自分で薬を買えるようにしましょう。

▶ **Mbak, ada obat ?**
ンバッ(ク)　アダ　オバッ(ト)
薬はありますか？

▶ **Oh, sedikit demam. Dan badan lemas.**
オー　スディキッ(ト)　ドゥマム　ダン　バダン　ルマス
少し熱があります。それに体もだるいです。

あきら

▶ **Sehari berapa kali minum ?**
スハリ　ブラパ　カリ　ミヌム
1日何回飲みますか？

解説
　sakit は病気という意味と痛いという意味があります。
　暑い国では風邪をひかないものと思っていると、意外に風邪をひきやすいものです。風邪薬は持っていたほうがよいでしょう。
　obat は薬の意味ですが、以前は歯みがき粉のことを obat gigi と呼んでいました。しかし、現在では pasta gigi と表記されて売られています。

語句の説明

obat：薬
dan：そして
sakit：病気　　sakit kepala：頭痛
demam：熱
badan：体
lemas：だるい／弱い
biji：粒
sehari：一日　　kali：回数　　sesudah：〜の後で

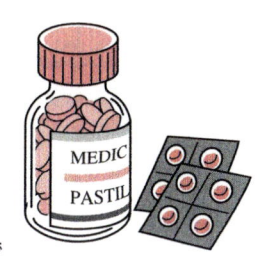

◀ **Sakit kepala atau demam ?**
　サキッ（ト）　クパラ　　アタウ　　　ドゥマム
頭痛ですか、それとも熱がありますか？

◀ **Kalau begitu coba obat ini.**
　カラウ　　ブギトゥ　　チョバ　オバッ（ト）　イニ
それならばこの薬を試してみてください。

薬局の店員

◀ **Sehari 3(tiga) kali 1 biji sesudah makan.**
　スハリ　　　　ティガ　　　カリ　サトゥ　ビジ　　ススゥダー　　　　マカン
1日3回、1粒を食事の後で飲みます。

　インドネシアでは、日本の薬局（ドラッグストア）のようなものはあまり見かけません。基本的には薬を買うには処方箋が必要です。
　また、ジャムウと呼ばれる伝統的な漢方薬が好んで飲まれています。

Pelajaran 22　　　薬局にて

よく使われる表現

目薬はありますか？	**Ada obat mata ?** アダ　オバッ（ト）　マタ
目が痛いんですか？	**Sakit mata ?** サキッ（ト）　マタ
ええ、目がかゆいです。	**Ya, mata saya gatal.** ヤァ　マタ　サヤ　ガタル
腹痛の薬はありますか？	**Ada obat sakit perut ?** アダ　オバッ（ト）　サキッ（ト）　プルッ（ト）
どんな痛みですか？	**Bagaimana sakitnya ?** バガイマナ　サキッ（ト）ニャ
おなかが（しくしく）痛みます。	**Perutnya mules.** プルッ（ト）ニャ　ムレス
おなかが痛いんですか？	**Perutnya sakit ?** プルッ（ト）ニャ　サキッ（ト）
ええ、とても痛いです。	**Ya, sakit sekali.** ヤァ　サキッ（ト）　スカリ
下痢ですか？　熱はありますか？	**Mencret ?　Ada panas ?** ムンチュレッ（ト）　アダ　パナス
1日何回飲みますか？	**Sehari berapa kali minum ?** スハリ　ブラパ　カリ　ミヌム
1日3回、食事のあとに飲みます。	**Sehari 3(tiga) kali minum sesudah makan.** スハリ　ティガ　カリ　ミヌム　ススダ　マカン
1日2回、食前に飲みます。	**Sehari 2(dua) kali minum sebelum makan.** スハリ　ドゥア　カリ　ミヌム　スブルム　マカン

その他の単語

病気　penyakit / sakit	頭痛　sakit kepala
腹痛　sakit perut	歯痛　sakit gigi
熱　demam / panas	風邪　masuk angin
ぜんそく　asma	アレルギー　alergi
病院　rumah sakit	診療所　klinik
薬局　apotik	医者　dokter
看護婦　jururawat	病人　pasien

練習　復習しながら話してみよう

B27 ●基本会話の練習をしましょう！

B28 ●下線部に適当な単語を入れて、会話を完成させてください。
　　（CDを聞いて確認しましょう。）

1. Mbak, _____ _____ ?　　　　　薬はありますか？
2. _____ _____ atau demam ?　　　頭痛ですか、それとも熱ですか？
3. Oh, sedikit _____ . Dan badan _____ .　　少し熱があります。そして体もだるいです。
4. _____ _____ coba obat ini.　　それならばこの薬を試してみてください。
5. Sehari _____ _____ minum ?　　1日何回飲みますか？

解答
1．ada, obat　　2．Sakit, kepala　　3．demam, lemas　　4．Kalau, begitu
5．berapa, kali

Pelajaran 22　　薬局にて

Pelajaran 23
電　話　電話をかける（1）

電話での会話の練習です。相手の顔が見えないので相手の話をよく聞かなくてはなりません。聞き取りの練習をしましょう。

▶ **Halo, Selamat pagi, Bu. Bisa bicara dengan Eni ?**
ハロー　スラマッ（ト）　パギ　ブゥ　ビサ　ビチャラ　ドゥ（ン）ガン　エニ
もしもし、おはようございます。エニさん、いらっしゃいますか？

▶ **Saya Mira teman Eni.**
サヤ　ミラ　トゥマン　エニ
私はエニさんの友達のミラです。

Mira
（ミラ）

▶ **Nanti saya telepon kembali, Bu.**
ナンティ　サヤ　テレポン　クンバリ　ブゥ
あとでまた電話します。

【解説】
　Bisa bicara dengan 〜 ? は直訳すると「〜と話をしてもいいですか？」となりますが、通常は「〜さんいらっしゃいますか？」という具合に訳します。
　また、Dari mana ? も直訳すると「どこからですか？」となりますが、電話では「どちらさまですか？」と訳します。
　インドネシアでは「〜さんのお宅ですか」と言うかわりに「○○番ですね」というたずね方もします。

Ⅱ 旅行会話

語句の説明

Halo：ハロー、もしもし（電話だけではなく相手に呼びかけるときにも使います）
bicara：話す
bicara dengan：〜と話をする
teman：友達

◀ **Ya, dari mana ?**
　　ヤァ　　ダリ　　マナ
はい、どちらさまですか？

◀ **Tunggu sebentar, ya.**
　　トゥングゥ　スブンタル　ヤァ
── **Maaf, Eni sedang mandi.**
　　　マアフ　エニ　スダン　マンディ
少々お待ちくださいね。──ごめんなさい、エニは今お風呂に入っています。

エニの
お母さん

▶ **Ya, baik.**
　　ヤァ　バイッ（ク）
はい、わかりました。

　現在ではHp／Ponsel（ハンディフォン、携帯電話）を使う人が増えています。ジャカルタでの携帯電話の普及率は約70％ぐらいです。携帯電話はインドサットとテレコムの2社で、通常は本体を購入してSIM（シム）カードを取得し、さらにプリペイドカードを買って使用します。携帯電話は安いもので300,000ルピアくらいから購入できます。

よく使われる表現

日本語	Indonesia
もしもし、カシムさんはいらっしゃいますか？	Halo, bisa bicara dengan Bapak Kasim ?
そちらはハディさんのお宅ですか？	Halo, ini rumah Bapak Hadi ?
はい、どちらさまですか？	Ya, dari mana ?
はいそうですが、だれと話がしたいですか？	Ya, betul, mau bicara dengan siapa ?
すみません、間違えました。	Maaf, salah sambung.
はい、少々お待ちください。	Ya, tunggu sebentar.
ハディさんは今、席を外しています。／席にはおりません。	Pak Hadi sedang keluar. / tidak ada di tempat.

Halo, ini rumah Bapak Hadi ?

Ya, betul, mau bicara dengan siapa ?

その他の単語

電話　telepon　　　　　　電話をかける　menelepon
電話番号　nomor telepon　　電話機／内線　pesawat
テレホンカード　kartu telepon　電話局　kantor telepon
公衆電話　telepon umum

★tidak ada di tempat は、直訳すると"場所にいない"という意味です。日本語だと"席にいない"と言いますが、インドネシア語の表現では"場所"を使います。

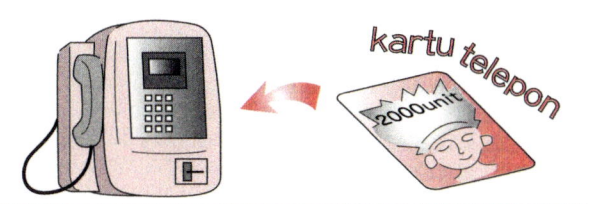

練習　復習しながら話してみよう

B31 ●基本会話の練習をしましょう！

B32 ●下線部に適当な単語を入れて、会話を完成させてください。
（CDを聞いて確認しましょう。）

1. Halo, _____ _____ , Bu.　　　　もしもし、おはようございます。
2. _____ _____ dengan Eni ?　　　エニさん、いらっしゃいますか？
3. Ya, _____ _____ ?　　　　　　はい、どちらさまですか？
4. Saya Lily _____ Eni.　　　　　私はエニさんの友達のリリィです。
5. _____ _____ , ya.　　　　　　少々お待ちください。
6. Maaf, Eni _____ mandi.　　　　ごめんなさい、エニは今お風呂に入っています。

解答
1. selamat, pagi　2. Bisa, bicara　3. dari, mana　4. teman
5. Tunggu, sebentar　6. sedang

Pelajaran 24
ワルテルにて 電話をかける(2)

wartel（warung telepon）での会話です。案内係の人に電話のかけ方を教わって電話をかけてみましょう。

▶ **Selamat siang, Mbak. Saya mau menelepon ke Tokyo Jepang.**
スラマッ（ト） スィアン ンバッ（ク） サヤ マウ ムネレポン ク トウキョウ ジュパン
こんにちは。東京に電話をかけたいのですが。

ゆうこ

▶ **Baik. Bagaimana caranya pakai telepon ini ?**
バイッ（ク） バガイマナ チャラニャ パカイ テレポン イニ
はい、わかりました。この電話はどのようにかけるのですか？

▶ **Terima kasih. Berapa ongkosnya ?**
トゥリマ カスィ ブラパ オンコスニャ
どうもありがとう。いくらですか？

解説　warung telepon とは私設の電話取次所のことで、公営の kantor telepon よりも規模も小さく、また場所もいたる所にあるため、利用する人にとっては大変便利です。通常 wartel（ワルテル）と省略して呼んでいます。現在、wartel は少なくなり、それに代わって warnet（日本のインターネットカフェのような所）が増えています。また、Eメールを使う人も増えているようです。

語句の説明

warung telepon：電話取次所　　menelepon：電話をかける
ruang：部屋（学校や事務所などの部屋に対して使うことが多い）
cara：方法／やり方　　caranya：その方法
kosong：ゼロ／からの（nolとも言うが、電話での会話の場合は聞き取りにくいので、あえてkosongを使う）
putar：回す　　kode：コード
wilayah：地区／行政
terakhir：最後には／ついに（akhirに接頭辞ter-が付く）

◀ **Silakan masuk ruangan nomor 3(tiga), Bu.**
スィラカン　マスッ（ク）　ルア（ン）ガン　ノモル　ティガ　ブゥ

3番の部屋へ入ってください。

◀ **Putarlah 001(kosong, kosong, satu), sesudah itu nomor kode negara Jepang 81(delapan, satu), kemudian nomor kode wilayah Tokyo 3(tiga), dan terakhir nomor rumahnya.**
プタルラ　コソン　コソン　サトゥ　ススダ　イトゥ　ノモル　コデ　ヌガラ　ジュパン　ドゥラパン　サトゥ　クムディアン　ノモル　コデ　ウィラヤー　トウキョウ　ティガ　ダン　トゥルアヒル　ノモル　ルマニャ

001を回して、それから日本のコード番号81、次に東京のコード番号3を、そして最後に相手の番号を回してください。

ワルテル
従業員

◀ **Rp.56.000 (limapuluh enam ribu rupiah).**
リマプルゥ　ウナム　リブゥ　ルピアー

56,000ルピアです。

　ジャカルタ市内でも公衆電話はあまりありません。以前はコインも使われていましたが、最近ではテレホンカードが使われるようになりました。

Pelajaran 24　　　ワルテルにて

よく使われる表現

私はアメリカへ電話をかけたいです。	**Saya mau menelepon ke Amerika.** サヤ マウ ムネレポン ク アメリカ
234番につないでください。	**Tolong sambungkan dengan pesawat nomor 234 (dua, tiga, empat).** トロン サンブ(ン)カン ドゥ(ン)ガン プサワッ(ト) ノモル ドゥア ティガ ウンパッ(ト)
KDD※の"スーパーワールドカード"はどのように使いますか？ ※現在KDDはKDDIとなっている。	**Bagaimana caranya pakai kartu "super world" KDD?** バガイマナ チャラニャ パカイ カルトゥ スーパー ワールド カーデーデー
この電話機はどのように使いますか？	**Bagaimana caranya pakai pesawat telepon ini?** バガイマナ チャラニャ パカイ プサワッ(ト) テレポン イニ
電話は何番ですか？	**Nomor berapa teleponnya?** ノモル ブラパ テレポンニャ
001を回して※ください。 ※現在はプッシュホン式になっており、"tekanlah（押す）"を使う。	**Putarlah 001 (kosong, kosong, satu).** プタルラ コソン コソン サトゥ

Bagaimana caranya pakai kartu "super world" KDDI?

Putarlah 001. (Tekanlah)

その他の単語

国のコード番号	nomor kode negara
地域のコード番号	nomor kode wilayah
市内電話	telepon dalam kota
市外電話	telepon interlokal
国際電話	telepon internasional
オペレーター	operator
インターホン	interkom
間違い電話	salah sambung

練習　復習しながら話してみよう

B35 ●基本会話の練習をしましょう！

B36 ●下線部に適当な単語を入れて、会話を完成させてください。
（CDを聞いて確認しましょう。）

1. Saya _____ _____ ke Tokyo, Jepang.　　東京に電話をかけたいのですが。
2. _____ _____ ruangan nomor 3,Bu.　　3番の部屋へ入ってください。
3. _____ . Bagaimana _____ pakai telepon ini ?　　わかりました。この電話はどのようにかけるのですか？
4. _____ 001, sesudah itu _____ kode negara Jepang 81.　　001を回して、それから日本のコード番号81を回してください。
5. Kemudian nomor _____ _____ Tokyo 3, dan terakhir _____ _____ .　　次に東京のコード番号3を、そして最後に相手の番号を回してください。
6. Berapa _____ ?　　いくらですか？

解答
1. mau, menelepon　　2. Silakan, masuk　　3. Baik, caranya
4. Putarlah, nomor　　5. kode, wilayah, nomor, rumahnya　　6. ongkosnya

Pelajaran 24　　ワルテルにて

チェックタイム ⑥

● 第21課から第24課の復習です。

I. 次の文をインドネシア語に訳してください。

1. もしもし、こちらはハディさんのお宅ですか？ 　2. はい、どちらさまですか？
3. すみません、間違えました。 　　　　　　　　4. 少々お待ちくださいね。
5. このバティックはいくらですか？

II. 次の文にインドネシア語で答えてください。

1. Boleh dibantu, Bu ? 　　　　2. Ibu pakai ukuran berapa ?
3. Mbak, ada obat ? 　　　　　4. Sehari berapa kali minum ?
5. Bisa bicara dengan Eni ?

III. 次の文を日本語に訳してください。

1. Cari apa, Bu ? 　　　　　　2. Bisa kurang ?
3. Saya Lily, teman Eni. 　　　4. Maaf, Eni sedang mandi.
5. Bagaimana sakitnya ?

解答

I　1. Halo, ini rumah Bapak Hadi ? 　2. Ya, dari mana ?
　　3. Maaf, salah sambung. 　　　　4. Tunggu sebentar, ya.
　　5. Berapa harga batik ini ?

II　1. Saya cari baju batik. 　　　　2. Ukuran S.
　　3. Ya, ada. Sakit kepala atau demam ?
　　4. Sehari 3 kali 1biji minum sesudah makan.
　　5. Ya, dari mana ?

III　1. 何かお探しですか？ 　　　　2. 安くしてもらえますか？
　　3. 私はエニさんの友達のリリィです。 　4. ごめんなさい。エニは今お風呂に入っています。
　　5. どんな痛みですか？

コラム⑦
体の部位

❶	身体	badan	⓫	口	mulut	㉑ おへそ	pusat
❷	頭	kepala	⓬	唇	bibir	㉒ おしり	pantat
❸	首	leher	⓭	歯	gigi	㉓ 心臓	jantung
❹	手	tangan	⓮	舌	lidah	㉔ 指	jari
❺	足	kaki	⓯	のど	kerongkongan	㉕ 親指	ibu jari
❻	顔	muka	⓰	耳	telinga	㉖ 人差指	jari telunjuk
❼	眉毛	alis	⓱	腕	lengan	㉗ 中指	jari tengah
❽	目	mata	⓲	肩	bahu	㉘ 薬指	jari manis
❾	まつげ	bulu mata	⓳	胸	dada	㉙ 小指	jari kelingking
❿	鼻	hidung	⓴	おなか	perut	㉚ 髪の毛	rambut

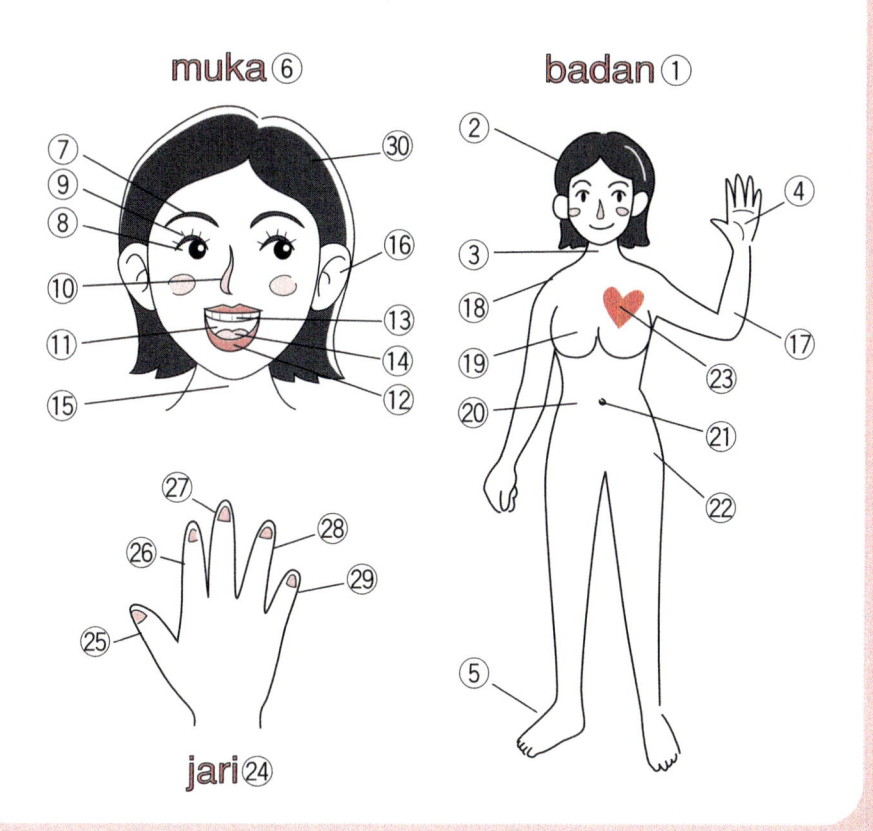

Pelajaran 25
郵便局にて

旅先で手紙を出してみるのもいいものです。その国の切手やスタンプを記念に買うのも楽しみです。よい思い出になるでしょう。

▶ **Saya mau kirim paket ini ke Tokyo Jepang, Mbak.**
サヤ マウ キリム パケッ(ト) イニ ク トウキョウ ジュパン ンバッ(ク)
この小包を日本の東京まで送りたいのですが。

▶ **Dengan pos udara.**
ドゥ(ン)ガン ポス ウダラ
航空便でお願いします。

あきら

▶ **Berapa ongkosnya ?**
ブラパ オンコスニャ
料金はいくらですか？

解説　インドネシアで手紙を送る場合はホテルのフロントに頼むこともできますが、小包などの場合は郵便局へ行かなければなりません。インドネシアにもメールボックス（赤と黄色の）はありますが、あまり見かけることはありません。
　切手はホテルや大きな商店などで買うことができます。
　インドネシア人で切手のコレクションをしている人を多く見かけます。現地で仲良くなった人に、日本で使用済みの切手を持って行

語句の説明

kirim：送る
paket：小包
pos udara：航空便
pos laut：船便
timbang：計る
kilo：＝kg、キログラム
sekilo：1キロ（se は satu の意）

◀ **Dengan pos udara atau pos laut？**
ドゥ（ン）ガン　ポス　ウダラ　アタウ　ポス　ラウッ（ト）
航空便ですか、船便ですか？

◀ **Tunggu sebentar saya timbang dulu.**
トゥングゥ　スブンタル　サヤ　ティンバン　ドゥルウ
Beratnya 1,5（satu koma lima）kg.
ブラッ（ト）ニャ　サトゥ　コマ　リマ　キログラム
計りますので少々お待ちください。1.5キロです。

◀ **Sekilo Rp.150.000（seratus limapuluh ribu**
スキロ　スラトゥス　リマプルゥ　リブゥ
rupiah）, Pak. Jadi ongkosnya Rp.225.000
ルピアー　パッ（ク）　ジャディ　オンコスニャ
（dua ratus duapuluh lima ribu rupiah）.
ドゥア　ラトゥス　ドゥアプルゥ　リマ　リブゥ　ルピアー
1キロ 150,000 ルピアです。ですから 225,000 ルピアになります。

郵便局員

ってあげるのもいいかもしれませんね。
　インドネシアの郵便事情についてふれてみます。
　インドネシアから日本へ葉書、封書を送る場合、料金は約10,000ルピアで、1週間くらいかかります。
　国内でも場所によって日数が違ってきます。宅配便についても航空便よりは船便のほうが日数はかかりますが、料金は安いです。ビジネスではEMSを利用する人も多いようです。

Pelajaran 25　　郵便局にて

よく使われる表現

この手紙を日本へ送りたいのですが。	Saya mau kirim surat ini ke Jepang.
料金はいくらですか？	Berapa ongkosnya, Mbak ?
2,000ルピアの切手を5枚、3,000ルピアを2枚、5,000ルピアを1枚ください。	Minta 5(lima) helai perangko Rp.2.000(dua ribu rupiah), 2(dua) helai Rp.3.000 (tiga ribu rupiah), dan 1 helai Rp.5.000 (lima ribu rupiah).
はい、これです。	Ini Bu.
書留はいくらですか？	Berapa ongkos dengan tercatat ?
EMSでいくらですか？	Berapa ongkos dengan EMS ?
東京まで何日ですか？	Berapa hari sampai ke Tokyo ?

解答　1．kirim, paket　2．pos, laut　3．pos, udara　4．timbang, dulu
　　　5．Sekilo

その他の単語

手紙	surat	はがき	kartu pos
絵はがき	kartu pos bergambar	封書	surat bersampul
切手	perangko	速達	pos kilat
為替	pos wesel	書留	surat tercatat
窓口	loket	郵便局	kantor pos
外国郵便	surat luar negeri		

練習　復習しながら 話してみよう

B43 ●基本会話の練習をしましょう！

B44 ●下線部に適当な単語を入れて、会話を完成させてください。
（ＣＤを聞いて確認しましょう。）

1. Saya mau _____ _____ ini ke Tokyo Jepang, Mbak.　　この小包を日本の東京まで送りたいのですが。
2. Dengan pos udara atau _____ _____ ?　　航空便ですか、船便ですか？
3. Dengan _____ _____ .　　航空便でお願いします。
4. Tunggu sebentar saya _____ _____ .　　計りますので少々お待ちください。
5. _____ Rp. 150.000.　　1キロ150,000ルピアです。

> Saya mau kirim paket ini ke Tokyo Jepang, Mbak.

> Dengan pos udara atau pos laut ?

Pelajaran 25　　郵便局にて

Pelajaran 26
フライト予約の確認

帰国する際の予約は必ず確認しましょう。ここでは直接、航空会社のカウンターで確認をしてみましょう。

▶ **Selamat pagi. Saya mau konfirmasi**
スラマッ(ト)　パギ　サヤ　マウ　コンフィルマシ
kembali pesawat saya.
クンバリ　プサワッ(ト)　サヤ
おはようございます。飛行機の確認をしたいのですが。

▶ **Yuko Tanaka. Nomor pesawat**
ユウコ　タナカ　ノモル　プサワッ(ト)
GA-881(delapan delapan satu) tujuan
ゲーアー　ドゥラパン　ドゥラパン　サトゥ　トゥジュアン
Tokyo.
トウキョウ
田中ゆうこです。ガルーダ航空881便、東京行きです。

▶ **Ya, betul.**
ヤァ　ブトゥール
はい、そうです。

解説

　現在、インドネシアではEチケットシステムが導入されて、リコンフォームの必要がなくなりましたが、確認するための簡単な会話を少し練習してみましょう。
　Lebaran（断食明け）には多くの人が国内外を移動するためダブルブッキングなどのトラブルが起こります。イスラム教徒は断食が明けるとメッカへの巡礼が始まります。メッカへ行けない人も遠くの親戚を訪ねたりと日本のお盆や年末のように人々の移動があります。多くの島から成るインドネシアでは、飛行機が重要な交通手段

語句の説明

konfirmasi kembali：再確認（rekonfirmasi とも言う（英語の reconfirm））
GA：ガルーダ航空
tujuan：行き先（前に、目的という意味でも出てきた）
OK：オーケー（ここでは確認がとれた、の意）

◀ **Siapa namanya？ Nomor berapa pesawat-nya？**
スィアパ ナマニャ ノモル ブラパ ブサワッ（ト） ニャ

お名前は？ 何便ですか？

◀ **Ya, tanggal 10(sepuluh) September, pesawat GA-881(delapan delapan satu) tujuan Tokyo, bukan？**
ヤァ タンガル スプゥルゥ セプテンブル ブサワッ（ト） ゲーアー ドゥラパン ドゥラパン サトゥ トゥジュアン トウキョウ ブカン

はい、9月10日、ガルーダ881便、東京行きですね？

航空会社スタッフ

◀ **Nona Tanaka, sudah OK.**
ノナ タナカ スゥダ オーケー

田中さん、確認されました。

です。そのように重要視されている飛行機ですが、ダブルブッキングによって予定の飛行機に乗れないことがあります。

　南国では予定は未定。インドネシアの航空会社は日本のように即対応しないこともあり、「郷に入れば郷に従え」と気長に待つのがよいでしょう。

Pelajaran 26　　フライト予約の確認

よく使われる表現

東京行きのチケットを頼みたいのですが。	**Saya mau pesan tiket ke Tokyo.** サヤ マウ プサン ティケッ(ト) ク トウキョウ
ＪＡＬ（日本航空）の東京行きを予約したいのですが。	**Saya mau booking pesawat JAL ke Tokyo.** サヤ マウ ブッキン(グ) プサワッ(ト) ジェ(ル) ク トウキョウ
飛行機をキャンセルしたいのですが。	**Saya mau cancel pesawat saya.** サヤ マウ ケンセル プサワッ(ト) サヤ
出発は取りやめになりました。	**Saya tidak jadi berangkat.** サヤ ティダッ(ク) ジャディ ブランカッ(ト)
何便ですか？	**Nomor berapa pesawatnya ?** ノモル ブラパ プサワッ(ト)ニャ
どこ行きですか？	**Tujuan mana ?** トゥジュアン マナ
大阪／名古屋行き。	**Tujuan Osaka / Nagoya.** トゥジュアン オオサカ ／ ナゴヤ
オーケーです。／まだわかりません。	**Sudah OK. / Belum OK.** スゥダー オーケー ／ ブルム オーケー
飛行機は満席です。	**Pesawatnya penuh.** プサワッ(ト)ニャ プヌゥ

Ⅱ 旅行会話　　第26課

その他の単語

航空会社	perusahaan penerbangan	機長	kapten
操縦室	kokpit	飛行	penerbangan
出発	keberangkatan	到着	kedatangan
高度	ketinggian		
気象状況	keadaan cuaca		
エコノミークラス	kelas ekonomi		
ファーストクラス	kelas utama		
時速	kecepatan per jam		
エアーポケット	kantong udara		
ビジネスクラス	kelas bisnis		

練習　復習しながら話してみよう

B47 ●基本会話の練習をしましょう！

B48 ●下線部に適当な単語を入れて、会話を完成させてください。
（CDを聞いて確認しましょう。）

1. Saya mau _____ _____ pesawat saya.　　飛行機の予約の確認をしたいのですが。

2. _____ _____ ?　　お名前は？
   _____ berapa pesawatnya ?　　何便ですか？

3. Nomor _____ GA-881 _____ Tokyo.　　ガルーダ881便、東京行きです。

4. Ya, _____ 10 September, pesawat GA-881 tujuan Tokyo, _____ ?　　はい、9月10日、ガルーダ881便、東京行きですね？

5. _____ , _____ .　　はい、そうです。

解答
1. konfirmasi, kembali　2. Siapa, namanya, Nomor　3. pesawat, tujuan
4. tanggal, bukan　5. Ya, betul

Pelajaran 26　　フライト予約の確認

Pelajaran 27
空港ロビーでの会話

帰国の前のロビーでの会話です。旅行中、楽しかったことや印象に残ったことについて話をしています。簡単なお礼も述べています。

▶ **Bagaimana perjalanannya kali ini ?**
バガイマナ　　　プルジャラナンニャ　　　カリ　イニ
今回の旅行はどうでしたか？

Rusli
（ルスリ）

▶ **Apa yang paling berkesan ?**
アパ　ヤン　パリン　ブルクサン
何が一番印象に残っていますか？

▶ **Kapan ke Indonesia lagi ?**
カパン　ク　インドネシア　ラギ
またいつインドネシアへ来ますか？

▶ **Kami menunggu, ya.**
カミ　　ムヌゥングゥ　　ヤァ
待っていますね。

解説

　インドネシアから出国する際は、出発の2時間前までに空港へ行きチェックインをすませておきましょう。このとき空港の使用料がかかるので、多少の現金は用意しておくこと。
　また、インドネシア人が外国へ行く場合や長期ビザでインドネシア国内にいる外国人が出国する際には"fiskal"と呼ばれる出国税を払わなければなりません。
　会話に出てくる"Kapan ke Indonesia lagi ?"は、インドネシア人が必ず聞くことです。答えも"Mudah-mudahan"と、必ず「い

語句の説明

perjalanan：旅行
kesan：印象　　berkesan：印象がある
terutama：特に　　utama：優れた
tamasya：見物／旅行
kapan：いつ　　mudah：容易な
mudah-mudahan：〜するように
segala：すべて
kebaikan：親切／好意

◀ **Oh, senang sekali.**
オー　スナン　スカリ
ええ、とても楽しかったです。

◀ **Semuanya berkesan, terutama tamasya ke Borobudur.**
スムアニャ　ブルクサン　トゥルゥタマ　タマシャ　ク　ボロブドゥル
すべてが印象に残っていますが、特にはボロブドゥール観光です。

◀ **Mudah-mudahan tahun depan.**
ムゥダ　ムゥダハン　タウン　ドゥパン
できれば来年にも。

ゆうこ

◀ **Terima kasih atas segala kebaikannya.**
トゥリマ　カスィ　アタス　スガラ　クバイカンニャ
ご親切に感謝します。

　つ」と答えなくても「またぜひ来たい」と言うことで、相手も喜んでくれることでしょう。社交辞令も忘れずに。
　出国の際には、おみやげのチェックもしておきたいものです。
　インドネシアのおみやげはいろいろあります。高額なものは、絵画や木彫り、銀製品など。またバティック（ジャワ更紗）の布やハンカチ、籐製品などがあります。食料品も喜ばれるでしょう。スーパーマーケットに行くと、紅茶やコーヒー、クルプックウダンと呼ばれる海老せんべいが安く買えます。

よく使われる表現

旅行はどうでしたか？	Bagaimana perjalanannya ? バガイマナ　プルジャラナンニャ
飛行機はどうでしたか？	Bagaimana pesawatnya ? バガイマナ　プサワッ（ト）ニャ
印象はどうですか？	Bagaimana kesannya ? バガイマナ　クサンニャ
何が一番印象に残っていますか？	Apa yang paling berkesan ? アパ　ヤン　パリン　ブルクサン
今回の旅行は楽しく印象に残っています。	Perjalanan kali ini menyenangkan dan berkesan. プルジャラナン　カリ　イニ　ムニュナンカン　ダン　ブルクサン
飛行機はよかったです。	Pesawatnya baik. プサワッ（ト）ニャ　バイッ（ク）
私の印象はとてもよいです。	Kesan saya, itu baik sekali. クサン　サヤ　イトゥバイッ（ク）　スカリ
インドネシアへは、またいつ来ますか？	Kapan datang lagi ke Indonesia ? カパン　ダタ（ン）　ラギ　ク　インドネシア
できれば来年にも。	Mudah-mudahan tahun depan. ムダ　ムダハン　タウン　ドゥパン
飛行機が遅れました。	Pesawat terlambat. プサワッ（ト）　トゥルランバッ（ト）

> Kapan datang lagi ke Indonesia ?

> Mudah-mudahan tahun depan.

ワンポイント アドバイス

ここではインドネシアの名所をいくつか紹介しましょう。機会があったら、ぜひ訪れてみてください。

Monas（monument nasional）　独立記念塔。高さ137ｍ、展望台の上には35kgの純金が張られた炎がシンボルになっています。
Mesjid Istiqlal　東南アジアで最大のイスラム寺院
Taman Mini Indonesia Indah　インドネシアミニチュア公園
Pulau Seribu　プラウ・スリブ（千の小島群）。ジャカルタから飛行機または船で約1時間
Kebun Raya Bogor　ボゴール植物園
Candi Borobudur　ボロブドゥール寺院。世界的に有名な遺跡
Pura Besakih　ベサキ寺院。バリ島で最大にして最古の寺院
Kraton　王宮。ジョクジャカルタにある

練習　復習しながら 話してみよう

●基本会話の練習をしましょう！

●下線部に適当な単語を入れて、会話を完成させてください。
（CDを聞いて確認しましょう。）

1. _____ perjalanannya _____ ini ?　　今回の旅行はどうでしたか？
2. Oh, _____ _____ .　　ええ、とても楽しかったです。
3. Apa paling _____ ?　　何が一番印象に残っていますか？
4. _____ berkesan, terutama _____ ke Borobudur.　　すべてが印象に残っていますが、特にはボロブドゥール観光です。
5. _____ ke Indonesia lagi ?　　いつまたインドネシアへ来ますか？
6. _____ _____ depan.　　できれば来年にも。

解答
1．Bagaimana, kali　2．senang, sekali　3．berkesan
4．Semuanya, tamasya　5．Kapan　6．Mudah-mudahan, tahun

Pelajaran 28
搭乗手続き

さぁ、いよいよ帰国です。自分で搭乗の手続きをしてみましょう。パスポートと航空券を見せて、喫煙または禁煙席か、窓側か通路側か、今までの練習で話すことにも自信がついてきたのではないでしょうか。

▶ **Selamat siang, Mbak. Ini tiket dan paspor saya.**
スラマッ(ト) スィアン ンバッ(ク) イニ ティケッ(ト) ダン パスポル サヤ
こんにちは。航空券とパスポートです。

▶ **Tidak merokok. Kalau bisa, saya mau tempat duduk di dekat jendela.**
ティダッ(ク) ムロコッ(ク) カラウ ビサ サヤ マウ トゥムパッ(ト) ドゥドゥッ(ク) ディ ドゥカッ(ト) ジュンデラ
禁煙(席)です。できれば、窓側の席がよいのですが。

▶ **2(dua) potong saja.**
ドゥア ポトン サジャ
2個だけです。

▶ **Terima kasih, Mbak.**
トゥリマ カスィ ンバッ(ク)
どうもありがとう。

解説

インドネシアの空港では何人ものポーターの人がいて、車から降りるとすぐに荷物を取ってカウンターまで持っていきますが、あとでチップを要求されます。その金額が少ない（外国人とくに日本人だと高い額を要求するので）とトラブルの原因にもなるので、必要がなければ最初から断るようにしましょう。

会話では、喫煙席か禁煙席か確認していますが、現在はほぼすべての航空会社で禁煙となっています。

語句の説明

dan：と／〜と
merokok：タバコを吸う　　rokok：タバコ
kalau bisa：もしできるならば
tempat：場所　　tempat duduk：シート
potong：切る（動詞）
　→（〜個／〜切れ。〈例〉sepotong roti：1切れのパン）
boarding pas：ボーディングパス（英語）、搭乗券

◀ **Ya. Merokok atau tidak ?**
　ヤァ　ムロコッ（ク）　アタウ　ティダッ（ク）
はい。喫煙（席）ですか、禁煙（席）ですか？

◀ **Baik. Berapa potong barangnya ?**
　バイッ（ク）　ブラパ　　ポトン　　バランニャ
はい、承知しました。荷物は何個ですか？

◀ **Ini paspor dan boarding pasnya.**
　イニ　パスポル　ダン　ボーディン（グ）　パスニャ
パスポートと搭乗券です。

◀ **Kembali. Selamat jalan.**
　クンバリ　　スラマッ（ト）　ジャラン
どういたしまして。さようなら。

航空会社スタッフ

🔖 **一言メモ**

● **忘れ物について**

　忘れ物は絶対にしないように。忘れた場所にもよりますが、まず出てこないと思ってください。自分の荷物でも手から離れたら、持っていかれることも少なくありません。日本は特別な国です。外国ではインドネシアに限らず、自分の身や自分の持ち物は自分で守らなければなりません。

よく使われる表現

航空券とパスポートです。	**Ini tiket dan paspor saya.** イニ ティケッ(ト) ダン パスポル サヤ
これは私の（品物）荷物です。	**Ini barang saya.** イニ バラン サヤ
これは荷物です。	**Ini bagasi.** イニ バガスィ
あなたはタバコを吸いますか？	**Anda merokok atau tidak ?** アンダ ムロコッ(ク) アタウ ティダッ(ク)
できれば、窓側の席がよいのですが。	**Kalau bisa , saya mau duduk di dekat jendela.** カラウ ビサ サヤ マウ ドゥドゥッ(ク) ディ ドゥカッ(ト) ジュンデラ
荷物は何個ですか？	**Berapa potong barangnya ?** ブラパ ポトン バランニャ
税金はいくらですか？	**Berapa biaya fiskal ?** ブラパ ビアヤ フィスカル
保険はいくらですか？	**Berapa biaya asuransi ?** ブラパ ビアヤ アスランスィ

助数詞

3 orang（3人）や3 buah mobil（3台の車）のように数を明確にしたい場合に使います。また、あえて助数詞を使わないこともあります。

orang	〜人（人間）
ekor	〜匹・〜頭（魚／動物）
potong	〜切れ（パン／肉／布）
buah	〜個・〜台・〜軒・〜冊（果物／車／家／本）
helai / lembar	〜枚（紙／手紙／毛布／上着）
batang	〜本（木／鉛筆／煙草）
pasang	〜足・組（靴／靴下）
jilid	〜冊・巻（本／辞書）
butir	〜個（卵／真珠）
biji	〜粒（種／薬）
patah	〜言（言葉）
tangkai	〜本・〜枝（花／枝）
porsi	〜人前（料理）

ワンポイント アドバイス

fiskalとはインドネシア人、もしくはインドネシアに住む外国人が出国する際に支払うお金のことでした。以前、インドネシアでは、海外へ出る人は1人当たり1,000,000ルピアのfiskalがかかり、それがかなりの負担になっていましたが、現在は空港税の150,000ルピアのみ必要です。

練習　復習しながら 話してみよう

●基本会話の練習をしましょう！

●下線部に適当な単語を入れて、会話を完成させてください。
（CDを聞いて確認しましょう。）

1. Ini _____ dan _____ saya.　　　　　航空券とパスポートです。
2. _____ _____ tidak?　　　　　　　　喫煙（席）ですか、禁煙（席）ですか？
3. _____ merokok.　　　　　　　　　　禁煙（席）です。
4. _____ _____ , saya mau tempat _____ di dekat jendela.　　　できれば、窓側の席がよいのですが。
5. Baik. _____ potong _____ ?　　　　はい、承知しました。荷物は何個ですか？

解答
1. tiket, paspor　　2. Merokok, atau　　3. Tidak　　4. Kalau, bisa, duduk
5. Berapa, barangnya

チェックタイム ⑦

●第25課から第28課の復習です。

Ⅰ．次の文をインドネシア語に訳してください。

1. おはようございます。飛行機の確認をしたいのですが。
2. お名前は？　何便ですか？（フライトナンバー）
3. 料金はいくらですか？　　4．書留はいくらですか？
5. 荷物は何個ですか？

Ⅱ．次の文を日本語に訳してください。

1. Saya mau kirim surat ini ke Jepang.　2．Berapa hari sampai ke Tokyo ?
3. Kalau bisa, saya mau tempat duduk di dekat jendela.
4. Saya mau konfirmasi kembali pesawat saya.
5. Tanggal sepuluh September pesawat GA-881 tujuan Tokyo, bukan ?

Ⅲ．下線部に適当な単語を入れてください。

1. Merokok _____ tidak ?　　　2．Berapa _____ barangnya ?
3. _____ ongkos dengan EMS ?　4．_____ ke Indonesia lagi ?
5. Oh, _____ sekali.

解答

Ⅰ　1．Selamat pagi.　Saya mau konfirmasi kembali pesawat saya.
　　2．Siapa namanya ?　Nomor berapa pesawatnya ?
　　3．Berapa ongkosnya ?　　4．Berapa ongkos dengan tercatat ?
　　5．Berapa potong barangnya ?

Ⅱ　1．この手紙を日本へ送りたいのですが。　2．東京まで何日ですか？
　　3．できれば、窓側の席がよいのですが。　4．飛行機の確認をしたいのですが。
　　5．9月10日、ガルーダ881便、東京行きですね？

Ⅲ　1．atau　　2．potong　　3．Berapa　　4．Kapan　　5．senang

コラム⑧ 家にあるもの

● 家の外 （Di luar rumah）

庭	kebun / halaman	ガレージ	garasi
塀	pagar	門	pintu gerbang

● 家の中 （Di dalam rumah）

家具	mebel	洋服ダンス	lemari baju
本棚	lemari buku	テレビ	televisi
ラジオ	radio	ビデオ	video
テーブル	meja	椅子	kursi
ベッド	tempat tidur	ピアノ	piano
居間	kamar tamu	台所	dapur
寝室	kamar tidur	浴室	kamar mandi
トイレ	kamar kecil	床	lantai
天井	langit-langit	壁	dinding

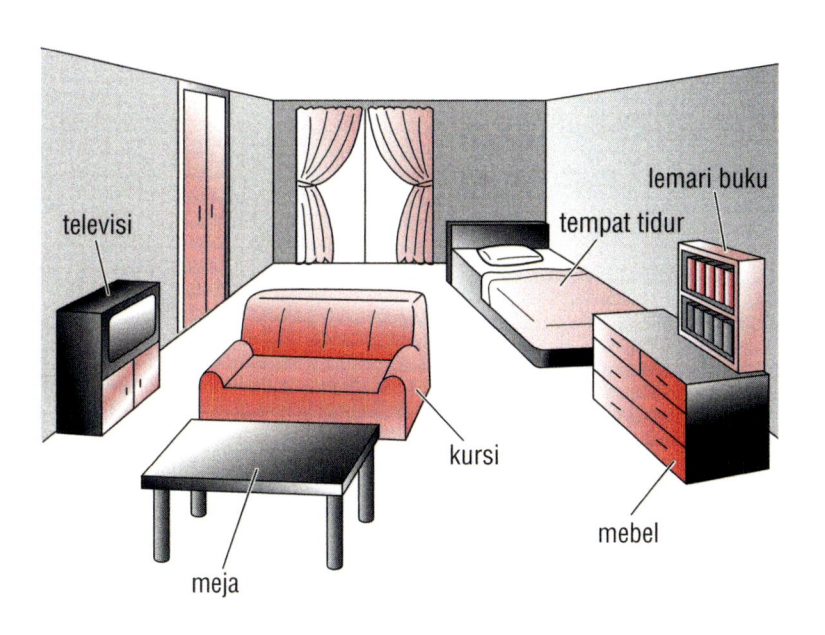

II. 実力診断テスト

［問題］インドネシア語をCDで聞いて、日本語に訳してみましょう。

1. Di mana nomor ini, Mbak？
2. Di belakang. Di sebelah kiri.
3. Mau makan apa？ Daging atau ikan？
4. Pasang sabuk pengaman.
5. Paspor, Pak.／Mana paspornya？
6. Apa tujuan（kunjungan）Anda？
7. Untuk wisata.
8. Berapa lama akan tinggal di sini？
9. Ke hotel Indonesia, Pak.
10. Di mana bisa naik limousine？
11. Berapa ongkosnya？
12. Berhenti di lampu merah.
13. Ini kembalinya.
14. Saya sudah pesan kamar.
15. Bisa menginap di sini？
16. Minta peta daerah sini.
17. Ada daftar nama restoran？
18. Ada restoran baik dekat sini？
19. Tunggu sebentar.
20. Minta tiket kereta api ke Surabaya, satu.
21. Dengan Agro Bromo atau Sembrani？
22. Berapa harga tiketnya？
23. Ini uangnya.

24. Silakan masuk. Berapa orang ?
25. Mau pesan apa ?
26. Apa yang enak di sini ?
27. Ada macam-macam.
28. Kami pesan nasi goreng.
29. Maaf numpang tanya. Di mana hotel Marcopolo ?
30. Terus saja dari sini, lalu, belok kanan di tikungan jalan itu.
31. Boleh dibantu, Bu ?
32. Saya cari baju batik.
33. Ibu pakai ukuran berapa ?
34. Bisa kurang ?
35. Sakit kepala atau demam ?
36. Sehari berapa biji ?
37. Bagaimana perjalanannya kali ini ?
38. Oh, senang sekali.
39. Apa yang paling berkesan ?
40. Nomor berapa pesawatnya ?
41. Pesawatnya penuh.
42. Sudah OK.
43. Tolong sambungkan dengan pesawat nomor 431 .
44. Bagaimana caranya pakai pesawat telepon ini ?
45. Saya mau kirim paket ini ke Tokyo, Jepang.

Ⅱ. 実力診断テスト　[解答]

[問題の解答]

1. この席（ナンバー）はどこですか？　　(Mbak)
2. 後ろです。左側です。　　(Pak)
3. 何にしますか？　肉ですか、魚ですか？
4. 安全ベルトを締めてください。
5. パスポートを見せてください。　　(Pak)
6. 目的は何ですか？　　(Anda)
7. 観光です。
8. ここにはどのくらい滞在しますか？
9. ホテル インドネシアへ行ってください。　　(Pak)
10. どこでリムジンバスに乗れますか？
11. いくらですか？
12. 赤信号で止まってください。
13. おつりです。
14. 部屋を予約したのですが。
15. ここに泊まれますか？
16. この辺の地図をください。
17. レストランのリストはありますか？
18. この近くに良いレストランはありますか？
19. 少々、お待ちください。
20. スラバヤ行きのキップを1枚ください。
21. アグロ ブロモですか、スンブラニですか？
22. キップはいくらですか？

23. お金です。

24. どうぞ、お入りください。何名様ですか？

25. 何を注文しますか？

26. ここでは何が美味しいですか？

27. いろいろあります。

28. ナシゴレンにします。(注文します)

29. すみません、ちょっとおたずねします。マルコポーロ ホテルはどこですか？

30. ここから真っすぐに行ってください。それから、その角を右に曲がってください。

31. 何かお探しですか？

32. バティックの服を探しています。

33. サイズはいくつですか？

34. 値引きしてもらえますか？

35. 頭痛ですか、熱ですか？

36. 1日何回ですか？

37. 旅行はどうでしたか？

38. ええ、とても楽しかったです。

39. 何が一番印象に残っていますか？

40. 飛行機は何便ですか？

41. 飛行機は満席です。

42. オーケーです。

43. 内線431番につないでください。

44. この電話はどのように使いますか？

45. この小包を日本の東京へ送りたいのですが。

役に立つ決まり文句

I. 日常会話編

Pelajaran 1

Selamat pagi.	おはようございます。
Selamat siang.	こんにちは。
Selamat sore.	こんにちは。
Selamat malam.	こんばんは。
Halo. Apa kabar ?	ハロー、お元気ですか？
Baik-baik saja. Terima kasih.	はい、元気です。ありがとうございます。
Sampai bertemu lagi.	また会いましょう。
Selamat jalan.	さようなら。
Selamat tinggal.	さようなら。

Pelajaran 2

Kenalkan, nama saya Eriko Kimura.	はじめまして、木村えりこです。
Siapa namanya ?	あなたのお名前は？
Anda berasal dari mana ?	出身はどこですか？
Asli mana ?	出身はどこですか？
Dia kelahiran Jakarta.	彼はジャカルタ生まれです。

Pelajaran 3

Nina, ini untuk kamu.	ニナさん、これを君に。
Terima kasih.	どうもありがとう。
Terima kasih banyak.	どうもありがとうございます。
Terima kasih sekali.	本当にありがとうございます。
Kembali / Sama-sama.	どういたしまして。

Pelajaran 4

Maaf / Minta maaf.	すみません。
Oh, tidak apa-apa.	いいえ、気にしないで。

Pelajaran 5

Anda orang Indonesia ?	あなたはインドネシア人ですか？
Ya, saya orang Indonesia.	はい、私はインドネシア人です。
Bukan, saya orang Jepang.	いいえ、私は日本人です。
Mbak, bekerja di sini ?	ここで働いていますか？
Tidak, saya tidak bekerja di sini.	いいえ、ここで働いていません。
Tokyo dingin ?	東京は寒いですか？
Tidak, Tokyo tidak dingin, hangat.	いいえ、東京は寒くはないです。暖かいです。

Pelajaran 6
   Anu, maaf, Pak / Bu.   あのー、すみませんが。
   Anu, permisi, Mas / Mbak.   あのー、失礼ですが。
   Ada apa ?   何ですか？
   Kenapa ?   どうしましたか？

Pelajaran 7
   Maaf, numpang tanya Pak / Bu.   すみません、ちょっとおたずねしますが。
   Maaf, boleh tanya Nona ?   すみません、ちょっとたずねますが？
   Maaf, mohon bicara perlahan-lahan.   すみません、ゆっくりしゃべってください。
   Maaf, sekali lagi.   すみません、もう一度お願いします。

Pelajaran 8
   Tolong panggil taksi.   タクシーを呼んでください。
   Tolong kirim surat ini.   この手紙を送ってください。

Pelajaran 9
   Boleh pinjam buku ini ?   この本を借りてもいいですか？
   Boleh merokok ?   タバコを吸ってもいいですか？
   Ya, silakan.   はい、どうぞ。
   Tidak, tidak boleh.   いいえ、できません（だめです）。

Pelajaran 10
   Bapak orang Jepang, bukan ?   あなたは日本人ですね。
   Dia makan nasi, bukan ?   彼はごはんを食べますね。
   Tokyo ramai, bukan ?   東京はにぎやかですね。
   Hari ini hari Selasa, bukan ?   今日は火曜日ですね。

Pelajaran 11
   Mau makan apa ?   何が食べたいですか？
   Mau jadi apa ?   何になりたいですか？
   Saya ingin pergi ke Pulau Seribu.   私はプラウ・スリブに行きたいです。
   Dia ingin sepatu merah.   彼女は赤い靴が欲しいです。
   Anda ingin jadi dokter ?   あなたは医者になりたいですか？

Pelajaran 12
   Ayah sudah datang ?   お父さんは来ましたか？
   Hari sudah gelap.   もう日が暮れました。
   Sekarang sudah bulan Desember.   今はもう12月です。
   Adik perempuan saya sudah mahasiswa.   妹はもう大学生です。
   Anda sudah pernah ke pulau Ternate ?   あなたはテルナテ島へ行ったことがありますか？

B65 その他の決まり文句

Aduh！	あぁ！／わぁ！
Kasihan！	かわいそう！
Sayang sekali.	残念。
Enak, ya.	いいね。
Bagus.	すてき。／すばらしい。
Coba rasa.	ちょっと味見してみて。
Coba pakai.	ちょっと着てみて。
Coba lihat.	ちょっと見せて。
Jam berapa sekarang？	今何時ですか？
Hari apa hari ini？	今日は何曜日ですか？
Tanggal berapa hari ini？	今日は何日ですか？
Di mana tinggal？	どこに住んでいますか？
Apa pekerjaannya？	仕事は何ですか？
Berapa bersaudara？	兄弟は何人ですか？
Berapa umurnya？	何歳ですか？
Berapa nomor teleponnya？	電話番号は何番ですか？
Jangan buang sampah di sini.	ここにゴミを捨てないでください。
Jangan masuk.	入らないでください。
Dilarang merokok.	禁煙。
Mari kita pergi.	さぁ、（一緒に）行きましょう。
Mari kita makan.	さぁ、（一緒に）食べましょう。
Betul.	本当。
Bohong！	うそ！
Masa！	まさか！
Untung.	ラッキー。

B66 疑問詞

Apa	何
Siapa	誰
Berapa	いくつ／いくら
Mengapa / Kenapa	なぜ／どうして
Kapan	いつ
Bagaimana	どのように／どのような
Di mana	どこに／どこで
Ke mana	どこへ
Dari mana	どこから

インドネシアの四行詩・ことわざ

Pantun　四行詩

　Kalau ada jarum yang patah
　Jangan simpan didalam peti
　Kalau ada barang yang salah
　Jangan simpan di dalam hati

　もしも、折れた針があったなら、
　箱にしまってはいけない。
　もしも、何か間違いがあっても、
　心にしまってはいけない。

　Kalau ada sumur di ladang
　Saya minta menumpang mandi
　Kalau ada umurku panjang
　Saya minta bertemu lagi

　もしも、畑に井戸があったら、
　私はマンディを頼むだろう。
　もしも、私が長生きをしたなら、
　私はもう一度会いたい。

※これは人と別れるときに告げる言葉です。
　相手に対する思いやりの気持ちが表れています。

Peribahasa　ことわざ

　Malu-malu kucing　　　　　　猫をかぶる
　Panas-panas tahi ayam　　　　三日坊主
　Main air basah, main api hangus.　悪い行いをすると、あとで自分に返ってくる
　Ada gula, ada semut.　　　　　何かよいことがあるとみんなが集まる
　Di mana ada kemauan, di situ ada jalan.
　　　　　　　　　　　　　　　　やりたい気持ちが道をひらく
　Lain padang, lain belalang.　　国が違えば習慣も違う

プレ授業の全訳

「空港にて」

I：ブディ（インドネシア人）
J：けいこ（日本人）

I：ヘイ、けいこ、ようこそ。
J：ありがとう。
I：元気だった？
J：ええ、元気よ。ありがとう。
I：飛行機はどうだった？
J：ええ、大丈夫よ、でも疲れたわ。
I：荷物はこれだけ？
J：ええ、スーツケースと手提げだけよ。
I：じゃ、外へ出ようか。
J：ええ、何で行くの？
I：心配しないで。車を持ってきたから。
J：自分で運転して？
I：そうだよ、今はもうできるんだよ。
J：いつから運転してるの？
I：1年前から。あぁ、そうだ、こちらには何日いるの？
J：2週間。
I：ホテルは予約したの？
J：ええ、ホテル インドネシアよ。
I：あぁ、サリナデパートの近くだね。
J：ええ、そうよ。
I：ジャカルタ以外ではどこへ行きたい？

語句の説明

cape：疲れる
lho：日本語の〜だろの意
nyetir：本来は menyetir(setir) 運転するの意
kan：付加疑問の bukan の省略
kuatir / khawatir：不安な
tentu saja：もちろん

J：ジョクジャカルタへボロブドゥールを見に行きたいし、バリ島へも行きたいわ。
I：わぁ、いいね。
J：明日はジャカルタを案内してね。
I：もちろんだとも。ところで、けいこは辛い料理は平気だよね。
J：ええ、平気よ。私はイカンペペスが食べたいわ。
I：オーケー、明日、イカンペペスのレストランへ行こう。
J：そこの近くにお土産物屋さんはある？
I：あるよ、何を買うの？
J：お土産なら何でもいいの。
I：じゃ、今からホテルへ送るからね。
J：ありがとう。

久しぶりにインドネシアに遊びに来た日本人女性と、インドネシア人男性の会話です。親しい友人同士の会話なので、かなりくだけた言い方になっています。

●著者
ファリーダ イドリスノ
1944年、インドネシア・マルク諸島サナナ生まれ。
メナド国立教育大学文学部卒。
1975年から日本在住。
外務省研修所インドネシア語講師。
拓殖大学、東京農業大学、亜細亜大学講師。
インペックス(株)、DILA国際語学アカデミー講師。

好光智子（よしみつ ともこ）
1957年、東京生まれ。
相模女子大学卒。
1973年から1976年までインドネシア・南スラウェシ州マカッサルに住む。
私立ラジャワリカトリック高校卒業後、国立ハサヌディン大学でインドネシア語を学ぶ。
企業研修講師。
1988年から1993年までアジアアフリカ語学院インドネシア語講師。
拓殖大学言語文化研究所外国語講座講師。DILA国際語学アカデミー講師。

▶制作協力　㈱エディポック

▶インドネシア語ナレーター
　ファリーダイドリスノ（女性）
　ダヴィン・H・E・スティアマルガ（男性）
　エミリア ウィジャヤンティ（女性）

▶日本語ナレーター
　永島由子（ながしま ゆうこ）
　「怪盗セイント・テール」の高宮リナ役や「魔法騎士レイアース」のカルディナ役でおなじみの人気声優。

カバーデザイン　山中 修
本文デザイン　山崎宣之＋澤野加奈
本文イラスト　植月真弓＋高橋真弓

東進ブックス

今すぐ話せるインドネシア語[入門編]

2000年 4 月 7 日　初版発行
2022年 8 月25日　第 8 版発行

著　　者　●ファリーダ イドリスノ
　　　　　　好光　智子
発行者　●永瀬昭幸
発行所　●株式会社ナガセ
出版事業部　〒180-0003 東京都武蔵野市吉祥寺南町1-29-2
　　　　　　電話 0422-70-7456　FAX 0422-70-7457
　　　　　　2000 printed in Japan
印刷製本　●株式会社マツモト

©2000　　　＊乱丁・落丁本はおとりかえいたします。
ISBN978-4-89085-168-3 C0087

ビジネス中国語講座
－神速大師系統－

DVDで ビジネスコミュニケーションに必要な**発音・文法の基礎をマスター！ゼロからはじめて楽しくわかる！**

こんな方におすすめします！

- 会社で中国との取引が増えて中国語力が必要になった
- 急に中国への出張を命じられた
- 勉強したことがそのまま使える、ビジネスパーソン向けの題材で学びたい

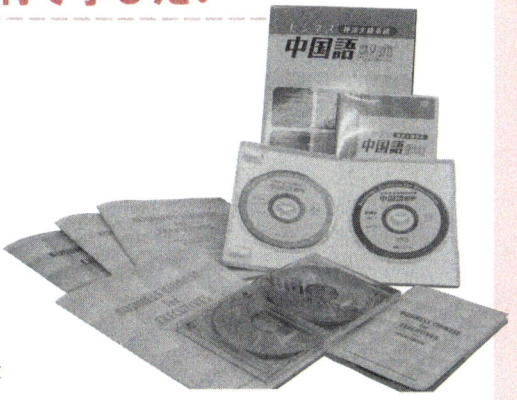

◆◆◆商品構成◆◆◆

各DVDとワークブックには6つのレッスンが、講座全体では24のレッスンが収められています。すべての商品はDVDの講義と連動しており、互いに補完しあい、定着を深める役割を果たしています。

映 像
- 発音編 DVD1枚 …1レッスン30分×6レッスン
- 基礎編 DVD3枚 …1レッスン30分×6レッスン×3枚

テキスト
- 発音編ワークブック1冊（ドリル、コラムつき）
- 基礎編ワークブック3冊（ドリル、コラムつき）

音 声
- 聴きなが CD2枚 …発音編1枚、基礎編1枚
- 繰りかえ CD2枚 …発音編1枚、基礎編1枚
- ポケットブック1冊

価格 ¥57,750 （税込）

TOSHIN BUSINESS SCHOOL 東進ビジネススクール

●ビジネス中国語講座●
－神速大師系統－

ビジネスシーンの中で
聞く・話す・読む・書くが同時に学べる！

●監修／楊凱栄　●筆者／鈴木武生　●執筆協力／山口直人

「神速大師系統」はSuper-Speed Master Systemという意味で、はじめて中国語を学ぶビジネスパーソンのために特別に開発されました。即戦力となる中国語のコミュニケーション能力にはまず発音、そして文法知識が必須となります。それらを日本人の三原さんという主人公が中国へ出張するという場面設定を通じて、毎ユニット飽きることなく最小限の時間でマスターできるようにデザインされています。

3つのコンセプト

1　モチベーション
初学者が語学学習に成功する最大の要因は「いかにモチベーションを高めるか」であるととらえています。DVDによるわかりやすい授業と、チャーミングな中国人ネィティブによる「発音デモ」が学習のペースメーカーとなります。

2　生きた中国語
ビジネスパーソンが実際に中国で遭遇する場面の中で、会話を通じて文法の習得をすることができます。「文法は理解したけれど、実際には覚えた例文はどんなときに使えるの？」という悩みは一切不要です。日本人が混乱しやすい項目は、とくに丁寧に取り上げていますので、中国語的な表現方法を直感的に理解しながら慣れていくことができます。

3　実践トレーニング
文法項目を知識として覚えるのではなく、トレーニングを実践して中国語の基礎を体得することを目指します。冗長な説明は一切なし、文法書を読む苦痛は不要です。

東進Ｄスクール
〒180-0003 東京都武蔵野市吉祥寺南町1-29-2

TOSHIN BUSINESS SCHOOL　東進ビジネススクール

お支払いは「クレジット・カード」または「代金引き替え（宅配）」となります。【商品の返品について】ご購入頂きました商品は、

聞く・話す・読む・書くの
4技能をフル活用して「使える中国語」をマスター！

本講座では、「聞く」「話す」「読む」「書く」の中国語の4技能を色々な形で学習することにより「使える中国語」をマスターできます。この講座を制作した私たちと同じ強い熱意で学習していただければ、皆さんの中国語力アップは間違いなしです。生活の様々なシーンで積極的に活用して、学習事項を確実にマスターしてください。
スタッフ一同、皆さんのご健闘をお祈りします！

◆◆◆ 商品の使い方 ◆◆◆

『DVD』を学習のペースメーカーに！
この講座の中心となる教材は、発音編1枚と基礎編3枚のDVDです。テキストを開かなくても、ご自宅でリラックスしながら気軽に視聴が可能。苦痛を感じることなく学習を進めることができます。

『リスニングCD』はお好みで生活シーンに合わせて！
休日などにしっかり学習したい気分のときには、『繰りかえCD』。学習した用例だけでなく、ワークブックのドリルの例文も収録されており、後ろにリピートするポーズが入っています。ポーズの部分で、ネイティブの声の後に続いて、何度も繰り返し声に出して読む練習をしましょう。

気軽に中国語に触れたいときにはオシャレなジャズが流れる『聴きながCD』。学習した用例が対訳つきで収録されているので、辞書を参照することなく聞くことができます。料理をしながら、お風呂に入りながら、お好きなときにお好きな場所でリラックスして聞いてください。

『ワークブック』で中国語をさらに詳しく理解・定着！
ワークブックでは、DVDと同じ学習内容をより深く理解できます。各レッスンには初めに学習内容の解説があり、その後にドリルがついています。Round 1から4まであり、難しすぎると感じることなく、徐々に実力がつくように編纂されています。

『ポケットブック』はちょっとしたお出かけ、通勤のお供に！
聴きながCDを聞いていても、「あれ、この単語どういう漢字だったかな？ピンインはどう書くんだっけ？」と思うこともあるはず。そこで収録内容がすべて参照できる『ポケットブック』をご用意しました。携帯に便利な薄めのコンパクトサイズです。

お申込み、お問い合わせは（受付時間／10:00〜21:00）

0120-857-104

初期不良品・当社誤送の場合以外のお客様ご都合での返品は原則お受け致しておりませんのでご了承ください。

こんなレッスン受けたかった！

必要最小限の文法事項を、平易なことばで説明！
先生の講義を聞くように読み進められる、新しい文法書です。

スペイン語を はじめからていねいに
定価 1365円 CD付き

ドイツ語を はじめからていねいに
定価 1365円 CD付き

フランス語を はじめからていねいに
定価 1365円 CD付き

中国語を はじめからていねいに
定価 1575円 CD付き

韓国語を はじめからていねいに
定価 1575円 CD付き

発音練習や、文法説明のためにあげた例文などをネイティブが音読しています。学習にお役立てください。